本书由湖南第一师范学院外国语学院英语省级一流专业资助出版
资助项目：湖南对接"一带一路"建设语言人才需求分析与应对策略研究
（项目编号：XYJ2017GB03）

面向"一带一路"需求的新外语能力提升机制研究

基于湖南出海企业语言能力的调研

彭　熠◎著

九州出版社
JIUZHOUPRESS

图书在版编目（CIP）数据

面向"一带一路"需求的新外语能力提升机制研究：基于湖南出海企业语言能力的调研 / 彭熠著 . -- 北京：九州出版社，2023.1

ISBN 978-7-5225-1631-8

Ⅰ . ①面… Ⅱ . ①彭… Ⅲ . ①外语—语言能力—调查研究 Ⅳ . ① H3

中国国家版本馆 CIP 数据核字（2023）第 025608 号

面向"一带一路"需求的新外语能力提升机制研究：基于湖南出海企业语言能力的调研

作　　者	彭熠 著
责任编辑	黄明佳
出版发行	九州出版社
地　　址	北京市西城区阜外大街甲 35 号（100037）
发行电话	（010）68992190/3/5/6
网　　址	www.jiuzhoupress.com
印　　刷	三河市龙大印装有限公司
开　　本	710 毫米 ×1000 毫米　16 开
印　　张	11.5
字　　数	170 千字
版　　次	2023 年 7 月第 1 版
印　　次	2023 年 7 月第 1 次印刷
书　　号	ISBN 978-7-5225-1631-8
定　　价	55.00 元

前　言

　　"远渡重洋"的"一带一路"深耕企业面临着不同国家和地区纷繁复杂的政策、制度、文化与语言等方面巨大差异所带来的挑战。出海企业不仅要持续不断地向海外派遣员工，也需要在东道国大量聘用当地员工，如何创新"一带一路"背景下语言教育模式，高效地开展员工的语言培训，促进中方员工与东道国员工在工作、生活与文化等各方面的交流、合作与融合，通过语言相通真正实现政策沟通、设施联通、贸易畅通、资金融通、民心相通，是出海企业亟须的语言服务，是国家语言能力建设的重要组成部分，也是高校外语人才培养在新时代背景下的重要使命。

　　"一带一路"倡议的推进和发展需要大批的语言人才，"一带一路"建设需要语言服务。相关的语言人才培养机制必须基于细致、全面、真实的需求调研。作为直接参与"一带一路"建设的出海企业员工，其语言能力对于海外业务的拓展与各项工作的展开具有重要作用。研究者运用调查法与文本分析法，以《湖南对接"一带一路"倡议行动方案》为切入点，通过对系列实施方案与项目清单进行研究与分析，综合策划，精心选取了湖南省六家实施"走出去"倡议、积极响应"一带一路"倡议的企业作为调研主体，分别是：中南勘测设计研究院、中建五局、水电八局、隆平高科、建工集团与中联重科。

　　研究的核心内容为"湖南出海企业语言能力需求调研"，调查问卷由三个部分构成：第一部分为参与问卷调查人员的基本情况；第二部分为需求调研，即对出海企业员工需具备的语言能力进行调研；第三部分为供给调研，即了解出海企业为满足语言能力需求所采取的措施。所有数据录入 Excel 表格进行统计，通过定量研究调查出海企业对语言人才的需求，以及语言能力培养与培训的现状和效果。随后，采用重点访谈与随机抽样的形式对 15 位企业高管与出海员工进行了座谈，进一步了解企业对人才语言能力的深层次需求与对目前出海员工语言能力的满意度。访谈所得的调查结果作为问卷的质性材料，与定量研究结果结合起来构成了本研究的第二、三、四章。研究采用整群分层随机抽样法选取调查对象，覆盖海外事业部、人力资源部、业务部、市场部四个与海外业务及人员招聘、培训密切相关的部门，保证了数据的非集中性。为保证问卷的效度，采用现场发放与回收问卷的方式，共发放问卷 82 份，回收 80 份，回收率为 97.5%，有效问卷 80 份，有效率达 100%。接着，第五章基于"湖南出海企业语言能力需求调研"有关语言能力需求与供给的数据与结论，通过文献研究、案例研究、比较研究等研究方法，归纳"一带一路"建设背景下语言培训的需求与供给情况，分析供需矛盾的现状及可能的原因，以期为解决语言培训供需矛盾提供依据。最后第六章和第七章，借鉴国外、外省在语言人才培养上的经验，对湖南省语言人才供给提出建议与决策咨询，对人工智能时代翻译人才的培养提出建议，使语言教育能更好地服务"一带一路"倡议、服务新时代社会经济发展、服务企业发展。

"一带一路"作为国家倡议，各行各业积极响应，尤其大中型企业积极谋略在沿线各国投资办厂，建设工业园区，大力开展技术、资本与劳务输出。而与此相对应的是我国教育业的相对滞后，这其中固然有人才培养周期较长、师资缺乏等客观原因，但时不我待，出海企业强烈的语言能力需求必将倒逼语言教育的改革，各级部门与各类学校必须积极行动起来，协同组织，创新语言教育的思路与机制，实现高校语言人才培养与在职员工语言培训双管齐下。语言人才的培养从培养的时间上看，可分为职前培训与职后培训两条时间线；从培养的责任主体上看，可分为高校语言人才培养和企业在职培训两个阵地。高校作为人才培养、科学研究与社会服务的基地，承担着在校人才培养和校外社会服务的重要使命。研究分别从职前培训与职后培训两个时间线，高校人才培养与企业在职培训两个阵地探讨了"一带一路"倡议下语言能力建设的供给侧改革策略。

　　高校语言人才培养方面，通过新增急需的语言专业、调整外语体系建设规划、改革人才培养模式、推动外语学科转型、加强合作办学等路径，为我国对接"一带一路"建设培养高质量的各类各层次语言人才。在职语言培训方面，通过加强顶层设计、拓展教育渠道、创新高校社会服务模式、调动民间教育资源、运用信息教育手段等举措提高语言继续教育的成效。翻译人才培养方面，高校翻译人才培养单位应创新翻译人才实践能力培养模式，创新"智能+人工"翻译人才培养模式，培养满足"一带一路"建设需求、适应新时代国际传播需要的人才队伍，为提升国家国际传播能力奠定坚实的基础。

目　　录

第一章　导　论

　　语言是人类最基本的也是最重要的交际工具，是人与人之间沟通交流的桥梁与纽带。语言互通是"一带一路"沿线国家开展合作的前提，是政策沟通、设施联通、贸易畅通、资金融通、民心相通的基础。语言相通，才可能谈及经贸往来、文化交流、文明互鉴、民心相通。习近平总书记2014年在访问法国和德国时曾说过："在世界多极化、经济全球化、文化多样化、国际关系民主化的时代背景下，人与人沟通很重要，国与国合作很必要。沟通交流的重要工具就是语言。一个国家文化的魅力、一个民族的凝聚力主要通过语言表达和传递。掌握一种语言就是掌握了通往一国文化的钥匙。"

　　国相交、民相拥，首先要语相通。语言人才作为语言相通的关键资源，以语言为核心能力，服务于语言培训、语言出版、语言翻译、语言技术、语言艺术、语言创意、语言康复、语言会展、语言测评等九大业态，是高质量共建"一带一路"中不可或缺的力量。当前，世界百年未有之大变局与疫情交织，国际形势风云变幻，为语言人才高质量服务共建"一带一路"倡议带来前所未有的困难与挑战。

第一节　研究缘起

一、"一带一路"倡议标志着我国从"引进来"到"走出去"的倡议转型

2013 年以来，国际形势和国际环境发生深刻变化，国际金融危机深层次影响继续显现，世界经济缓慢复苏、发展分化，国际投资贸易格局和多边投资贸易规则酝酿深刻调整，各国面临的发展问题依然严峻，我国经济社会发展步入新的历史阶段。习近平主席统揽全局、审时度势，在充分汲取历史智慧、准确把握国际国内大势、深刻思考人类前途命运的基础上，提出了共建丝绸之路经济带和 21 世纪海上丝绸之路的重大倡议。

"一带一路"是"丝绸之路经济带"和"21 世纪海上丝绸之路"的合称，由"五通"搭建而成，在政策沟通、设施联通、贸易畅通、资金融通、民心相通这五个领域齐头并进，互联互通，是中国新一轮对外开放和"走出去"倡议发展的重点，契合全球合作潮流与沿线国家与地区发展需要，有利于加强国际合作，巩固大国地位[①]。"一带一路"建设有助于实现我国与周边临国及亚欧国家发展倡议对接、编织更加紧密的共同利益网络，将双方利益融合提升到更高水平，让沿线国家得益于我国的发展，也使我国从共同发展中获益。推进"一带一路"建设是全球化时代中国整合地缘政治与经济利益、统筹国内和国际两个大局作出的重大倡议决策，标志着我国从"引进来"到"走出去"的倡议转型。尤其在"十九大"胜利召开的重大历史背景下，中国企业的海外业务迎来了前所未有的新发展机遇和政治使命，海外业务提档增速已迫在眉睫。

---

① 习近平. 携手推进"一带一路"建设. 在"一带一路"国际合作高峰论坛开幕式的讲话 [N]. 人民日报，2017-05-14（06）.

二、"一带一路"倡议促进企业海外业务蓬勃发展

中国提出共建"一带一路"倡议已经9年，包括中国在内的沿线国家均取得了实打实、沉甸甸的成就，这一倡议既是中国扩大和深化对外开放的需要，也是加强和亚欧非及世界各国互利合作的需要，更是构建人类命运共同体的伟大探索。9年来，共建"一带一路"从无到有、由点及面，有关合作理念和主张写入联合国、G20、APEC等重要国际组织成果文件。截至2022年3月底，我国已与149个国家、32个国际组织签署200多份共建"一带一路"合作文件，涵盖互联互通、投资、贸易、金融、科技、社会、人文、民生、海洋等领域，共建"一带一路"得到国际社会广泛关注，已从中国倡议通达全球，成为国际共识。互联互通方面，以"六廊六路多国多港"为基本框架，构建以新亚欧大陆桥等经济走廊为引领，以中欧班列、陆海新通道等大通道和信息高速路为骨架，以铁路、港口、管网等为依托的互联互通网络，完善陆、海、天、网"四位一体"布局，打通了我国中西部地区联通世界的通道，为促进全球互联互通做增量。经贸合作方面持续取得新突破，即便在新冠肺炎疫情席卷全球的情况下，共建"一带一路"经贸合作仍逆市上扬，展现出强劲韧性。2013—2021年，我国与"一带一路"沿线国家货物贸易额累计达11万亿美元，与沿线国家货物贸易额占我国对外贸易总额的比重由25%提升至29.7%。2021年，在各方共同努力下，"一带一路"经贸合作克服疫情等困难，不断走深走实，为全球开放合作、世界经济复苏注入了新动能。我国与沿线国家贸易达到了1.8万亿美元，同比增长32.4%；对沿线国家直接投资214.6亿美元，增长15.3%；自沿线国家吸收外资112.5亿美元，增长36%。在沿线国家承包工程完成营业额897亿美元，占我总体比重达到57.9%。

当前，国家"一带一路"倡议已经进入全面、持续、常态化的推进阶段，各项引导、支持、细化政策正在逐步落实，地方政府出台具体举措主动加强与"一带一路"沿线国家的交流互动，推动国内企业出海，不少沿线国家也积极响应我国"一带一路"倡议，借用中国资金和技术启动大项

目。"一带一路"倡议的提出,意味着中国实现了从原来规则的践行者、到全球贸易的推动者和规则提供者的重大角色转变。在这个过程当中,中国企业积极响应国家号召,踊跃参与"一带一路"建设,以市场经济的中坚力量促进中国和沿线国家的贸易畅通和民心相通。来自商务部的数据显示,2017 年,我国企业共对"一带一路"沿线的 59 个国家非金融类直接投资 143.6 亿美元,占同期总额的 12%,较上年提升了 3.5%,主要投向新加坡、马来西亚、老挝、印度尼西亚、巴基斯坦、越南、俄罗斯、阿联酋和柬埔寨等国家。对外承包工程方面,2017 年,我国企业在"一带一路"沿线的 61 个国家新签对外承包工程项目合同 7217 份,新签合同额 1443.2 亿美元,占同期我国对外承包工程新签合同额的 54.4%,同比增长 14.5%。持续加大的海外投资和逐步增多的海外项目均表明,在十九大胜利召开的重大历史背景下,海外投资力度持续加大,海外项目逐步增多。企业海外业务迎来了前所未有的发展机遇和政治使命。

2021 年,我国企业在"一带一路"沿线 57 个国家非金融类直接投资 1203 亿美元,同比增长 14.1%。在疫情背景下,共建"一带一路"不仅助力各国经济复苏回暖,也为双循环新发展格局营造了良好的外部环境。我国企业在"一带一路"沿线的 60 个国家新签对外承包工程项目合同 6257 份,新签合同额 1340.4 亿美元,占同期我国对外承包工程新签合同额的 51.9%;完成营业额 896.8 亿美元,占同期总额的 57.9%。一批"一带一路"标志性项目稳步推进,并取得实质性成果,在国际合作中彰显"中国建设"品牌。

三、语言人才在"一带一路"倡议中的重要作用

"一带一路"倡议促进了国家之间的合作,也使语言需求丰富多样。据统计,"一带一路"沿线的 65 个国家使用的官方语言包含汉语在内一共有 54 种。面对"一带一路"沿线国家语言的复杂多样性,语言翻译和语言技术可以突破语言障碍、实现语言互通、促进合作关系的建立,推进"一带一路"倡议大踏步前进。2020 年在新冠肺炎疫情对全球经济造成巨

大冲击的形势下，我国对"一带一路"沿线国家进出口总值仍达到了 9.37 万亿元，其中，语言人才及语言产业的贡献不可忽视。

首先，语言人才作为重要的人力资本，通过从事翻译、导游、主持等语言翻译、语言艺术等方面的工作，为"一带一路"建设创造了巨大价值。以导游为例，精通多种语言的导游为"一带一路"旅游业作出了突出贡献。2017 年中国赴"一带一路"沿线国家旅游人数达 2741 万人次，是"一带一路"沿线国家入境旅游收入的主要来源。同时，"一带一路"沿线国家赴中国旅游人数突破 1000 万人次。语言是宝贵的经济资源，语言翻译产品、语言技术产品、语言艺术产品、语言创意产品、语言出版作品等语言产品，也创造出语言红利。例如，成立于 2008 年的掌阅科技，积极响应国家号召，致力于推动文化出海，2015 年起开始开展海外业务，将优质的"中国故事"带向海外，目前，iReader 国际版已覆盖全球 150 多个国家和地区，40 多个"一带一路"沿线国家，连续 2 次荣列"国家文化出口重点企业"，成为文化出海企业的代表。

其次，语言人才有助于增进"一带一路"各成员国之间的教育交流。语言学习是国际教育交流的敲门砖，语言培训是语言学习的重要途径，语言测评则可以评定人的语言能力水平。"一带一路"沿线国家在我国留学的学生人数众多，我国也有很多学生在"一带一路"沿线国家留学。教育部统计数据显示，2019 年在我国学习的"一带一路"沿线国家留学生占比达 54.1%。同年，中国与俄罗斯双向留学交流人员规模突破 10 万人。随着"一带一路"合作的增多，沿线国家的政府、企业、机构等人员通过学习语言进而学习先进技术的需求也在不断增长。以"中文联盟"课程云平台为例，截至 2020 年，云平台提供的慕课、微课已超过 7000 课时，还有中文学习、汉语水平考试等板块具有语言培训和语言测评功能。

此外，在"一带一路"建设过程中，语言人才在增强沿线各国文化认同方面发挥了积极作用。语言是文化的载体与重要的组成部分。随着"一带一路"沿线国家语言互通的深入发展，相关国家之间围绕语言会展、语言翻译、语言出版等语言产业业态的互动日益频繁，文化交流日益密切，为推动"一带一路"沿线国家文化认同提供了助力。例如，自 2017 年开始举办的中国北京国际语言文化博览会现已连续成功举办三届，博览会专设"一带一路，语言铺路"展区，促进语言文化交流互鉴。

四、"一带一路"倡议决定了语言人才的需求变化

我国目前对"一带一路"的规划和讨论涉及经济、文化及政治等多方面内容，特别是在金融、贸易、基础设施建设等方面已有很多大手笔举措，但"一带一路"所有愿景与规划的实现，都要以语言沟通为基础。沟通交流的重要工具就是语言。语言相通，才可能谈及经贸往来、文化交流、文明互鉴、民心相通。

（一）"一带一路"倡议对语言人才的储备需求急剧增长

目前，语言产业服务共建"一带一路"人才资源基础薄弱。"一带一路"倡议对语言人才需求多种多样，因此，语言产业从业人员要成为"语言+专业"的复合型人才，不仅要熟练掌握"一带一路"沿线国家两种及以上的官方语言，还要具备语言产业所包含的九大业态相关领域的专业知识，例如培训、出版、信息技术、会展、医疗等。当前，掌握"一带一路"沿线国家两种及以上官方语言的人才已是供不应求，具备语言产业相关业态知识背景的人才则更是严重稀缺。通过国内外互联网大数据分析发现，在"一带一路"人才需求方面，语言类人才分列国内媒体和网民关注度排名第一位、沿线国家媒体和网民关注热度排名第四位。其中，除英语、阿拉伯语等使用广泛的语种外，土耳其语、孟加拉语、波斯语等也受到媒体和网民的高度关注。国内外媒体和网民普遍认为，"语言互通"是"一带一路"互联互通的基础，随着"一带一路"建设的深入推进，语言人才特别是小语种人才十分短缺，语言服务能力明显不足，加强"一带一路"语言能力建设显得十分迫切。按照"一带一路"目前的规划路线，其沿线国家达到 64 个（不含中国）。据初步统计这 64 个国家所使用的国语及官方语言共 78 种，除去同一种语言作为多个国家官方语言的情况外，实际使用 56 种官方语言和通用语言，涉及汉藏、印欧、乌拉尔、

阿尔泰、闪-含、高加索及达罗毗荼等主要语系。在这 56 个语种之中，国内高校尚未开设的语种有 11 个，只有 1 所学校开设的语种也是 11 个，这还不算许多国家拥有繁多的民族语言。目前的统计是，"一带一路"沿线国家使用的民族语言多达 2400 余种。以菲律宾为例，除了国语和官方语之外，至少还有 100 多种民族语言，其中使用人口超过百万的民族语言就有他加禄语、宿务语、伊洛卡诺语、希利盖农语、比科尔语瓦雷语、卡片片甘语、邦阿西楠语、马拉瑙语和马京达瑙语等；再如尼泊尔，从人口和国土幅员来看是一个小国，但语言种类却有 118 种之多，涉及印欧、汉藏、南亚和达罗毗荼四大语系。所以，就"一带一路"语言服务来看，需求非常迫切。

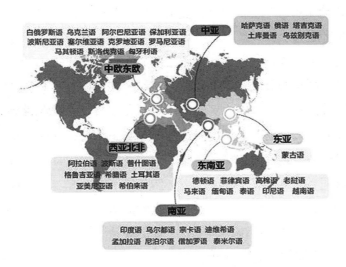

图 1-1 "一带一路"沿线国家官方语言（部分）

即使是我国已开设的语种，在"一带一路"宏大事业中，人才储备也明显不足。比如，某小语种人才数量本来在某企业的跨国经营中是可以满足的，但是"一带一路"倡议会催生成百上千个企业参与该国建设，特别是在互联网时代，个体电商都可以参与到"一带一路"的经济循环中，这些都与当地百姓生活密切相关，只能使用当地的民族语言，原有的小语种供需平衡就会被打破，语言问题就变得越来越突出了。

（二）"一带一路"倡议对语言人才的人文交流能力提出了更高要求

中外人文交流涵盖教育、科技、文化、卫生、体育、广电、媒体、旅游、妇女、青年、档案等多个领域，是促进"一带一路"民心相通的重要纽带。由于"一带一路"沿线国家语言、文化、历史、政治、民族、宗教、风俗、习惯等都有很大的差异，且多为经济发展水平较低的发展中国家，再加上部分"一带一路"沿线国家政局不稳、战争频繁，对人文交流产生严重制约。因此，除了语言交际能力之外，"一带一路"倡议对语言人才的人文交流能力也提了更高的要求。

虽然在政府交流层面，语言交际的畅通可以解决一些问题，但"一带一路"倡议的实施必然会深度介入到沿线国家老百姓的生活中去，如果不能掌握当地的语言，并了解语言背后的宗教文化内涵，那么许多工作在实施过程中对当地百姓的宣传解释势必会存在一些问题。比如"一带一路"工程最被看好的重头戏之一是基础设施建设，其实施过程必然会牵涉到所在国大量拆迁问题。以高铁为例，铁路外沿线30米之内为铁路建设永久性用地，土地不可能返还，建设期间还要征用施工用地，这些永久性用地和临时用地的原有土地性质各异，房屋工厂、商店、农田林地等拆迁难度和费用各不相同，尽管所有工程的实施必然是经所在国和当地政府签约同意和大力支持的，但由于各方力量和利益之间的博弈，拆迁工作还是一项艰巨的任务，如果宣传不到位，即使有很好的政策，仍有可能造成当地老百姓的怨恨。最近印度政府正在酝酿发布《土地征用法修正案》，虽然此草案提出政府将一次性按市场价给予失地农民补偿，并且每户农家将得到政府给予的就业岗位，但此草案一经推出即遭到各界反对，不少地方的农民举行抗议游行。因此，在"一带一路"共建过程中，我们要注意防止某些沿线国家将本国工业化进程中的问题归咎于"一带一路"倡议的实施；更重要的还是要做好对当地老百姓的宣传解释工作，包括在各种媒体和发布会上的宣传解释工作。而在解释过程中使用当地语言是第一位的，这项工作不仅当地政府要做，中国方面也应适时主动择机用各种合适的方式参与。此外，在施工第一线配备一定数量的精通当地语言的协调员有利于解决各种临时纠纷。否则仅仅因为拆迁这一件事，就可能因语言沟通问题导致各类拆迁纠纷事件发生。

五、"一带一路"建设对国家语言能力培养提出了新的要求

"引进来"语言倡议聚焦于英语的普及和国民英语水平的提高，而"走出去"则亟须广泛的小语种人才、汉语国际教育人才以及复合型英语人才。"一带一路"倡议覆盖大半个世界版图，沿线国家众多，地缘复杂，涉及至少 65 个国家和地区的 40 亿人口，53 种官方语言，语言体系复杂、宗教文化差异巨大、话语体系对接困难，对国家语言能力培养提出了新的要求。我国目前"一带一路"语言服务中存在的问题，说到底是国家语言能力建设问题。

语言能力是国家实力的反映，语言能力分为个人语言能力（母语能力、多语能力）、社会语言能力（各种职业、专业语言能力）和国家语言能力（行使国家力量时所需的语言能力，如在抢险救灾、反恐维稳、海外维和、远洋护航、联合军演、护侨撤侨及各种国际合作中，国家语言能力都起着关键作用），"一带一路"语言问题属于国家语言能力问题①。广义的国家语言能力的构成包括公民个人语言能力和社会语言能力，狭义的国家语言能力指国家层面在处理政治、经济、外交、军事、科技、文化等各种国内外事务中所需要的语言能力。中国的语言能力建设与发达国家相比还存在不小的差距，尤其是国家语言能力方面。"9·11"事件后，西方国家越来越重视与国家安全利益攸关的语言教育战略。美国于 2006 年开始实施"关键语言"倡议，确立了阿拉伯语、汉语、朝鲜语等多种"关键语言"，并设立了多个相关教育项目，鼓励全民学习国家需要的"关键语言"，其目标就是在世界任何一个地方发生事情，都能得到合适的语言支持。这是美国政府首次从国家安全与繁荣的角度看待外语教育②。鉴于情

---

① 杨亦鸣. 提高国家语言能力迫在眉睫［N］. 人民日报, 2015-11-24.
② 李宇明. 国家的语言能力问题［N］. 中国科学报, 2013-02-25（007）.

报和外交工作的需要，英国也将东欧语言、汉语、波斯语、朝鲜语、索马里语以及西非语言、阿拉伯语方言等列为对英国国家安全和外交具有重大影响的战略性语言①。这些在全球化背景下发布的语言战略，对我国语言文化安全战略的实施带来巨大的挑战和启示。要改变目前国家语言能力不足的现状，需要创新思维方式，改变培养机制，走协同创新之路。

国家语言能力体现在具体国民的语言能力方面，是作为直接参与"一带一路"建设的出海企业员工，其语言能力对于"一带一路"各项工作的展开具有非常直接的作用。出海企业员工需要的语言能力从性质上可分为三大类：一是交际性语言能力，即基本的语言交际能力，有助于出海企业的员工在"一带一路"各国能便捷、安全地生活；工具性语言能力，即高水平的语言应用能力，有利于出海企业能更顺畅、高效地与驻地国开展技术与经贸合作；语言的人文性，即深层次的跨文化交际能力，有助于实现人心相通，在项目合作的共建过程中，达成企业之间互利互惠、人与人之间相互信任、国与国之间相互尊重的长远合作与发展关系。

六、"一带一路"建设出海企业员工语言能力严重不足

与中国企业在"一带一路"国家高歌猛进的海外业务拓展相对应的，是我国出海企业员工语言能力的严重不足，主要体现为：

（一）出海企业员工的英语交际能力不足

尽管英语作为通用语在我国的外语教学中占据绝对地位，费时长、投入多，但整体状况不理想。英孚全球成人英语熟练度（EF EPI）是测度各国成人英语水平成熟度的指标，据 2022 年英孚教育发布的《英语熟练度指标报告》显示，中国在全球（国家与地区）排名第 62 名，位居亚洲第八，属于低熟练度 。② "一带一路"出海企业的员工大多为专业技术人才

---

① 谢倩. 当代英国语言战略探析及借鉴 [J]. 外语界，2015，No. 169（04）：74-80.
② 腾讯网. 英孚在沪发布 2022 年 EF 英语熟练程度指标报告. 2022-12-13.

与熟练工人，其英语交际能力普遍停留在大学或高中水平甚至还有倒退，缺乏在国外生活与工作所需的语言交际能力。

（二）出海企业员工的英语应用能力不足

我国传统的英语教学侧重于沟通能力与语言文学本身，与理工农医法商等学科专业的关联少，双语教学在高校专业人才培养中尚未普及，导致英语专业人才缺乏技术、专业技术人员缺乏英语表达能力的现象十分普遍。"一带一路"出海企业中的专业技术人员与管理人员担负着与驻地国专业技术人员、管理人员、政府官员沟通的重任，因此亟须"语言+专业"高水平复合型英语人才。

（三）出海企业员工的跨文化交际能力不足

"一带一路"沿线国家宗教文化差异巨大、话语体系对接困难，出海企业员工如果对东道国文化不了解、不善于传达中国文化，文化冲突将会导致合作不畅、影响工作效率，甚至带来安全隐患。

（四）出海企业员工的小语种能力不足

语言要铺路，翻译只能通话，而母语可以通心。如果只是用通用语进行交流，一般只能公事公办，而如果能用他的母语跟他交流，就可以进到他的社会网络与社交圈子里，效果将大相径庭①。我国现阶段非通用语人才数量严重匮乏，目前高校能开设的小语种仅五六十种，经常使用的仅十来种，对"一带一路"沿线区域的语言关注不多、师资准备不足，小语种人才在种类与数量上都远不能满足出海企业的语言需求。

---

① 连谊慧."'一带一路'语言问题"多人谈［J］.语言倡议研究，2016，1（02）：61-67.

第二节 研究意义与创新之处

一、研究目的与研究意义

（一）研究主题

对于"远渡重洋"的"一带一路"企业而言，面临着应对不同国家和地区纷繁复杂的政策、制度、文化与语言等方面巨大差异所带来的挑战。出海企业不仅要持续不断地向海外派遣员工，也需要在东道国大量聘用当地员工，如何创新新时期下语言教育模式（培训机制），高效地开展员工的语言培训，促进中方员工与东道国员工在工作、生活与文化等各方面的交流、合作与融合，通过语言相通真正实现政策沟通、设施联通、贸易畅通、资金融通、民心相通，是出海企业亟须解决的问题，也是本课题的研究主题。

（二）研究目的

在湖南对接"一带一路"建设的背景下，本研究聚焦于湖南企业"走出去"对不同类型与层次语言人才的需求，从供给侧结构调整的视域，探讨高校语言人才、尤其是翻译人才的培养与企业需求之间的对接问题。

（三）研究意义与价值

要更好地服务于"一带一路"建设，必须正视语言人才需求的变化并积极研究改进策略与措施。湖南省人民政府办公厅印发的《湖南省对接"一带一路"倡议推动优势企业"走出去"实施方案》中强调，要推动湖南"走出去"智库建设，加大对重点国家和地区发展战略、政策、产业、市场等方面研究，为湖南省企业"走出去"提供支撑。本研究将以湖南对接"一带一路"倡议行动为切入点，通过深入调研具有代表性的出海企业对语言人才的需求，分析目前语言人才培养上存在的问题，通过借鉴他国与外省在语言人才培养上的经验，对湖南省语言人才供给提出建议与决策咨询，使湖南省的语言教育能更好地服务"一带一路"倡议、服务新时代社会经济发展、服务企业发展。因此，本研究具有重要的现实意义与一定的理论价值。

二、研究的创新之处

（一）方法创新

本研究为跨学科研究，比较研究与历史研究相结合、文献研究与调查研究相结合，问卷调查与深度访谈相结合，从多角度、多层面开展研究，确保研究内容的系统性与研究结论的准确性。本研究以"走出去"战略为发展契机，深入调查了解"一带一路"建设背景下出海企业对于语言能力的需求，科学分析我国国民语言能力培养机制的现状与问题，做好出海企业语言培训机制的供给侧改革，为精准施策、提升国家语言能力提供真实、准确、有说服力的依据，为发挥语言教育作用、紧跟国家形势、服务"一带一路"倡议作出贡献。

（二）内容创新

本研究的核心在于需求调查与分析，调查内容聚焦于语言能力的需求与供给两端。在需求端，基于出海企业语言需求、出海企业员工语言能力现状以及语言人才培养机制现状这三个方面开展全面充分的调研，以此为基础，运用 SWOT 模型科学分析语言能力，在性质与种类两个维度的多样性需求上，为精准施策提供科学依据；在供给端，运用供给侧结构理论对现有出海企业语言培训机制提出改进对策，从加强顶层设计、协同多方组织、拓宽教育渠道、创新教育模式、调动民间教育资源、运用信息教育手段这六个方面予以突破。针对"一带一路"建设背景下出海企业的语言现实需求，创新提出外语人才培养的三个原则：需求为先、适用为要、联通为本。语言开路，文化融合，民心相通，才能更好地促进"一带一路"倡议顺利实施。

第三节　概念界定与文献综述

一、概念界定

（一）出海企业

加快发展开放型工业经济，鼓励企业"走出去"，是贯彻落实"中国制造 2025"、国家"一带一路"等重大倡议的关键举措。湖南省认真贯彻落实省委省政府大力发展开放型经济的倡议部署，一批优势企业迈出资源配置、生产配置和市场网络全球化的重要步伐，为湖南省经济发展作出了较大贡献，先进制造业和资源性产业"走出去"强劲，对外工程承包稳定增长，常见的三种出海模式为：对外投资、建工业园、抱团出海。

（二）语言人才需求

从出海企业员工所需的语种来看，可分为通用语（英语）、小语种、中文。语言互通是实现"五通"的基本保障，随着"一带一路"建设的推进，国家对语言人才的需求将日益增加与多元化，而科学准确的语言人才需求调查与分析是国家语言人才库建设的重要依据。需求是分类分层次的，语言人才的需求也有类别与层次的多样性，可分为社会需求与个体需求两大类型，高端与普通两大层次。

二、相关问题研究现状及评价

"一带一路"是习近平总书记于 2013 年 9 月首次提出，是中国目前国家级的顶层倡议，国外对此的研究较少，而国内语言学与教育学专家就"一带一路"倡议中的语言人才需求与培养问题发表了不少真知灼见，相关的研究聚焦于五个方面。

（一）对语言人才需求分析的重要性研究

"一带一路"建设必须要语言铺路，语言人才先行（文秋芳，2016）；及时培养"一带一路"建设所需要的外语人才是实现语言互通的主要途径（魏晖，2015）；应从国家转型角度尽快开展语言人才需求的调研与规划，以"外向型"需求拉动"内需"，倒逼外语教育改革，提升语言人才的培养质量（沈骑，2015）。

（二）对"一带一路"小语种以及复合型语言人才的需求研究

通过对"国家外语人才动态数据库"高校外语专业招生情况的统计分析，指出"一带一路"倡议面临小语种人才匮乏的瓶颈，应当努力开展多语种外语教学，为维护国家利益、保障国家安全培养储备多语种人才（文秋芳，2014）；需要培养更多具有能源、交通、商贸、物流等专业背景的高水平关键语言人才，以满足新"丝绸之路"关键语言的教学、研究、资政、兴商之需（高健，2014）；从语言文化融通的需求出发，提出专业语言人才与"外语+专业"的复合型人才是必然需求（赵世举，2015）；要考虑投资国与被投资国语言人才的双向流动与内外联通，满足被投资国学习汉语的需求（文秋芳，2016）。

（三）对语言人才需求进行调查与分析的方法研究

语言人才需求研究除了针对学习者与学校进行调查之外，需要重视行业对员工当下语言能力的需求调查，重点考察学校语言教育与社会及行业需求的衔接问题（沈骑，2015）。

（四）对目前语言人才现状的研究

英语人才严重过剩，应用型小语种人才稀缺，多语言人才缺乏，复合型语言人才紧缺（曹思佳，2016）。

（五）与国外的比较研究

如对美国外语人才培养的政策研究（孙吉胜，2016），指出我国现有"非通用语种"人才规模和质量与发达国家尚有较大差距（朱雷，王毅，2017）。

上述关于语言人才需求与培养的研究具有重要的参考价值，但综合国内外研究，大多讨论语言人才培养的宏观意义，或站在语言学科发展的角度开展需求研究，针对出海企业语言需求方面的培训机制研究极少。因此，本课题拟以区域性研究为起点，以《湖南省对接"一带一路"倡议行动方案》中有代表性的出海企业为调研对象，充分了解这些企业对于各类各层次语言能力的需求，以及员工语言能力的现状，在此基础上，拟在语言培训机制的改革上进行研究突破。

第四节　研究方法与研究思路

一、研究方法

（一）调查研究

本研究针对需与供两端开展大量的内查外调，从区域性入手由点及面，从湖南对接"一带一路"建设的 32 个国家、62 个投资项目中选取有代表性的出海企业进行调研，深入、全面地了解"走出去"企业的语言能力需求。调查问卷与深度访谈相结合，传统问卷与在线问卷调查相结合，确保调查结果的全面性、完整性、准确性。

（二）比较研究与文本研究

一方面，通过对国内外语言培训模式、政策、路径进行比较研究，拓宽思维，确保研究内容的系统性。另一方面，查阅大量政策文本，归纳相关主管机构、职能部门与高等院校在语言服务与人才培养方面的政策、做法，结合现实面临的困难，以期为"一带一路"建设外语人才培养机制改革提供参考建议。

二、研究思路

本研究遵循"内查外调—分析需求—比较借鉴—供给侧机制改革"的思路进行研究。具体研究思路见下图。

三、研究内容与框架

第一部分：出海企业语言能力需求调研。以"一带一路"建设对国家语言能力的需求为出发点，对有代表性的出海企业的语言能力需求与员工语言能力现状进行深入调研。随后，基于调研数据，将语言能力根据层次与种类进行分类梳理。最后，科学分析出海企业对于员工语言能力的需求、现状、挑战与机遇。

第二部分：出海企业语言培训机制现状研究。通过对企业、学校、社会组织、政府主管部门进行广泛调研，查阅文献与搜集案例，绘制出海企业语言培训机制的结构图，全面、客观地描述现状。随后，从语言教育的角度剖析我国在"一带一路"语言人才培养方面存在的突出问题，即组织滞后、机构单一、模式固化、路径狭隘。

第三部分："一带一路"建设外语人才培养的对策研究。通过文献研究、案例研究、历史研究、比较研究，总结、吸纳其他国家、地区在提升海外企业员工语言能力方面的经验，以及我国各省市在外语人才培养方面做的有益尝试，探索改进外语人才培养的理念、策略、模式与路径。通过加强顶层设计、协同多方组织，拓展机构类型、搭建合作平台、整合教学资源、改革培训模式、创新信息化路径，提质增效，高效地培养满足企业"走出去"倡议需求的各类各层次语言人才。

第二章 调研概述与问卷设计

第一节 调研背景与政策依据

一、调研背景

随着国家"一带一路"建设加快推进，湖南作为实施"一带一路"倡议的重要省份，迎来了新一轮的改革开放。为积极参与建设丝绸之路经济带和 21 世纪海上丝绸之路，将湖南装备制造、科技创新、教育医疗、文化旅游等方面的差别优势与沿线国家的发展需求结合起来，根据党中央、国务院关于"一带一路"建设的总体部署，湖南作为"一带一路"的重要腹地和内陆开放的新高地，紧紧抓住这一难得的发展机遇，立足湖南特色和优势，抢抓国家实施"一带一路"倡议重大机遇，先后制订了《湖南省参与建设丝绸之路经济带和 21 世纪海上丝绸之路的实施方案》《湖南省对接"一对一路"倡议行动方案（2015—2017 年）》。以周边国家和地区为优先突破口，以六大经济走廊为依托，按照"五通"总体要求，通过促进基础设施联通、提升经贸合作水平、推进产业开放合作、密切人文交流合作、拓展金融领域合作、创新开放型体制机制的六大领域合作，湖南与沿线国家形成双赢、多赢的利益共同体、命运共同体和责任共同体。为重点加强工程机械、轨道交通、现代种业等优势产业的产能合作，发挥"一带一部"区位优势，打造国家"一带一路"倡议实施的重要腹地；增强开放的中枢功能，把区位优势转化为内陆开放枢纽的聚集优势，打造内陆开放的重要高地；推动省内优势产业、龙头企业主动融入全球产业分工体系，嵌入全球价值链和产业链，打造产业聚集的重要基地、重点产业、重点企业、重点项目、重点园区、重点国别。以自贸协定国家为重点，积极发展与"一带一路"沿线国家对外贸易，以印度尼西亚、泰国、马来西亚、老挝、柬埔寨等东盟五国为首要市场，以印度、巴基斯坦等国家为重点市场，以长沙为节点城市，以重点区域、项目、平台与机制建设为依托，提升全面开放水平、拓展经贸合作领域、扩大人文交流为重点，提出了建设80个重大项目、总投资3000多亿元的行动方案。《方案》实施两年多来，各方面进展良好。

（一）"走出去"形式多样化

龙头企业态势强劲，如中联重科、三一集团、中车株机等龙头企业已经开始全球布点。投资形式日渐灵活，由新建企业、合资企业为主发展到跨国并购、独资、增资扩股、倡议联盟等多种投资方式。产业组织从单个项目投资逐渐转向产业链投资，如三一集团、有色集团不仅在海外建立了加工企业，还形成了包括生产加工、进出口、销售和售后服务等各环节的一体化产业链。经营方式呈现多样化，如境外注册经营贸易、境外资产及股权收购、境外建立加工基地、境外上市、采用BOT参与港口改扩建项目等。企业抱团意识逐步增强，如装备制造和新能源、新材料等"走出去"抱团形成产业联盟；众多中小企业在老挝、泰国、越南、缅甸等东盟国家抱团投资兴业。

（二）"走出去"行业特征显著

装备制造产业"走出去"增长迅速，如工程机械产业领域的中联重科、三一集团，轨道交通产业领域的中车株机等。先进制造业和资源勘探开发产业占比较大，已基本形成先进制造业和资源勘探开发业强势出击的态势，这两大类产业占境外投资企业近三成，成为湖南省当前及今后对外投资最具活力的领域。电子信息、生物医药等产业发展迅速，如蓝思科技、三诺生物、尤特尔生化等。

（三）"走出去"企业各具特色

具有规模优势的大型国有企业是"走出去"的骨干，如中联重科、中车株机、时代新材、时代电气、株硬集团、湘电集团、华菱集团等。民营企业有的也已成为湖南省乃至全国"走出去"的典范，如泰富重装、威胜集团、千山药机、科力远、瑞翔新材料、耀恒星电子等。上市企业来势喜人。近年来湖南省上市的企业如三诺生物、金杯电工、克明面业、永清环保、神农大丰、株洲旗滨、大康牧业等都是今后"走出去"企业的重要组成部分。众多中小企业正在聚能。如新华联矿业、希尔药业、果秀食品、金旺铋业、金贵银业、伊斯达、恒远发电、富泰宏、鸿富锦等。

（四）"走出去"地区日益广泛

欧美地区是湖南省企业实施跨国并购的主战场。亚洲地区尤其是东盟地区是湖南省民营企业对外投资的重点和热点区域，占比超过六成。非洲、东南亚和南美洲是湖南省境外资源勘探开发重点地区。亚非地区是湖南省对外工程承包主要集中地。

二、调研政策依据

本研究认为调研对象需来自湖南省重点培育的具有国际竞争力的本土跨国企业、湖南省积极引导的具有产能向外转移优势的企业以及湖南省重点支持的在海外兴建产业园的企业。因此，本研究深入分析了相关政策依据，包括《湖南省参与建设丝绸之路经济带和21世纪海上丝绸之路的实施方案》《湖南省对接"一带一路"倡议规划行动方案（2015—2017年）》，以及《湖南省对接"一带一路"倡议行动方案（2015—2017年）项目清单》。《项目清单》罗列了湖南对接"一带一路"建设的32个国家共计62个投资项目，涵盖装备产能出海、对外贸易提升、引资引技升级、基础设施联通、服务平台构筑、人文交流拓展等六大重点行动。《实施方案》从类别上将湖南省对接"一带一路"建设分为产业投资、能源资源合作、基础设施建设、合作园区、科技人文合作等五大项目，以及工程机械、能源开发、路桥房建、农业、工业园建设、农业产业园建设等六大板块。其中工程机械板块重点培育三一重工、中联重科、泰富重装、山河智能等企业；能源开发板块重点培育水电八局、中南勘测设计研究院、省电力勘测设计院、湘电风能、衡阳特变电工等企业；路桥房建板块重点培育建工集团、中建五局、远大住工、湖南路桥等企业；农业板块重点培育隆平高科、新五丰、大康牧业、金健米业、大湖水殖等企业；在工业园建设方面，湖南省积极培育三一重工巴西工业园，中联重科在印度、白俄罗斯的产业基地，中车株机在南非的生产基地，隆平高科在东帝汶的农业示范基地，老挝湖南橡胶产业园，老挝湖南农业产业园及俄罗斯湖南农业产业基地。

此外，综合《关于加快推进工业企业"走出去"的意见》《湖南省对接"一带一路"倡议推动优势企业"走出去"实施方案》《关于加快推进国际产能合作的意见》《湖南省人民政府关于推进国际产能和装备制造合作的实施意见》《湖南省实施开放崛起倡议发展规划（2017-2021年）》《中共湖南省委湖南省人民政府关于进一步扩大开放加快发展开放型经济的决定》等省委省政府文件的精神，湖南省鼓励企业依托境外工程项目，助推成套设备和高端装备借船出海；鼓励以多种方式参与海外重大电力项目合作，带动湖南具有知识产权的发电、输变电等成套设备、技术及工程服务出口；鼓励以电站建设总承包为开发重点，重点开发风电、生物质发电和垃圾发电等可再生能源发电，扩大电力成套设备出口；鼓励企业增强海外接单能力，扩大"一带一路"国际工程承包合作；鼓励湖南企业抱团，参与"一带一路"沿线国家（地区）的公路、隧道和桥梁建设，进一步带动工程机械、海工设备、建筑材料等关联产品出口；鼓励企业加快农业"走出去"步伐。发挥制种业的优势，突出杂交水稻的品牌示范效应，依托隆平高科等农业科技企业，扩大制种业在"一带一路"沿线国家的投资规模。

基于对以上政策的深入研究，通过统计分析，最终确定了六家"走出去"业务较多、对湖南省经济影响较大的企业做为调研主体，分别是：中南勘测设计研究院、中国建筑第五工程局有限公司、湖南省建筑工程集团总公司、中联重科股份有限公司、袁隆平农业高科技股份有限公司、中国水利水电第八工程局有限公司。这六家企业对接"一带一路"建设的项目罗列如下。

三、《湖南省对接"一带一路"倡议行动方案（2015—2017年）项目清单》

《项目清单》罗列了湖南对接"一带一路"建设的32个国家共计62个投资项目，从装备产能出海、对外贸易提升、引资引技升级、基础设施联通、服务平台构筑、人文交流拓展等六大重点行动中通过统计分析，并结合《湖南省参与建设丝绸之路经济带和21世纪海上丝绸之路的实施方案》的工作重点，最终确定了六家"走出去"业务较多、对湖南省经济影响较大的企业，在第二节详述。

第二节　调研企业及其"一带一路"进程

企业"走出去"是发展中国外向型经济的必由之路，是中国企业参与国际市场竞争的重要条件，也是企业发展壮大后国际扩张的必然选择。湖南省积极实施"走出去"倡议，积极参与国际市场竞争和合作，充分利用国内国际两个市场、两种资源，进一步拓宽了经济发展空间，较好地适应了经济全球化的发展趋势。本研究选取的六家企业均是实施"走出去"倡议、积极响应"一带一路"倡议的优秀省局大型企业、中央在湘企业与上市公司，不仅为湖南省的经济发展作出了巨大贡献，更在资源、产品、工程出口、投资、合作等方面创新模式，形成了良好的品牌示范效应。

一、中南院简介与"一带一路"进程

（一）企业简介

中南院（全称：中南勘测设计研究院）作为国家综合甲级大型水电勘测设计企业，业务范围涵盖技术服务（含规划、勘测、设计、科研、咨询等）、工程承包（含 EPC、设备成套、岩土施工等）、投资运营三大板块，业务领域涉足水电水利工程、新能源工程、水环境治理与生态保护工程、市政交通与建筑工程等四大行业。

（二）企业"走出去"战略的实施与成果

随着国内水电大规模开发建设接近尾声，国家大力推进能源革命，建设清洁低碳、安全高效的现代能源体系，以及"走出去"战略不断深化实施。2004 年，审时度势的中南院领导班子及时调整企业战略定位，提出"西进、转型、走出去"的发展战略，大力进军新能源市场，积极开拓海外市场。中南院真正意义上的"走出去"是从 21 世纪初开始，随着国家"走出去"战略实施的不断深化，特别是"一带一路"倡议的提出，以及中南院自己推进"西进、转型、走出去"的经营发展战略，中南院确立了创建国际型工程公司的总目标，并将机电设备成套业务作为中南院新的增长极和突破口。目前中南院的触角已延伸至 36 个国家，其中 17 个为核心深耕国家。已在越南、泰国、老挝、印度尼西亚等 10 多个"一带一路"沿线国家成功执行和完成了包括设计、咨询、机电设备成套、工程总承包、援外管理等多个项目。

中南勘测设计院作为驻湘的国家综合甲级大型水电勘测设计企业，是湖南省对接"一带一路"倡议行动方案的重要实施单位。根据《湖南省对接"一带一路"倡议行动方案（2015—2017 年）项目清单》，中南院承接了两大"能源资源合作"项目，分别是越南莱州水电站机电设备成套项目与泰国 WED 风电项目，总投资达 15.3 亿元，是湖南省装备产能出海行动的重点领域。此外，中南院作为国内同行业的龙头企业，早在 2004 年就开始实施"走出去"战略，积极参与对外经济技术合作，业务地域横跨亚洲、非洲、南美洲等二十几个国家，是在湘的工程咨询设计单位通过工程总承包、带动产能"走出去"的成功典型。此外，中南院作为商务部指定的援外培训基地，在对外交流、培训等方面有着丰富的经验。基于以上原因，本研究选取中南院作为出海企业能源资源合作板块的重点调研单位。

表 2-1　中南勘测设计研究院对接"一带一路"建设项目

序号	项目名称	投资区域	项目单位	项目进度	建设内容及规模	总投资（亿元）	板块
1	越南莱州水电站机电设备成套项目	越南	中国电建集团中南勘测设计研究院	建设项目	越南莱州水电站机电设备供应，成套设计及安装等	7.9	能源资源合作
2	泰国 WED 风电项目	泰国	中国电建集团中南勘测设计研究院	建设项目	装机 60MW 风电场工程总承包。	7.4	

二、中建五局简介与"一带一路"进程

（一）企业简介

中建五局（全称：中国建筑第五工程局有限公司）作为中央大型企业，是全球最大投资建设集团——中国建筑股份有限公司的全资骨干企业。中建五局是集投资商、建造商、运营商"三商一体"的现代化投资建设集团，拥有房建、市政、公路"三特三甲"资质。总资产超 1500 亿元，累计投资额超 4000 亿元，年合同额超 3000 亿元、营业收入近 1800 亿元，稳居"全国一流、中建三甲、湖南三强"，构建了"投资、研发、设计、

建造、运营"五位一体的全产业链优势，致力建设美丽中国，拓展幸福空间。（来源：中建五局官方网站）

（二）"走出去"战略的实施与成果

2003 年，处于"极度困难"时期的中建五局跟随中建总公司进入北非阿尔及利亚市场，从承接小体量的住宅类房建项目企业入手，逐渐站稳脚跟、做强做大。2007 年，中建五局进入中西非刚果（布）市场，并以承建刚果（布）国家 1 号公路 1 期工程项目以及 2008 年承建阿尔及利亚 TIPAZA48 公里公路项目为起点，开始了海外基础设施项目建设。"十二五"期间，中建五局海外业务累计完成合同额 247.7 亿元人民币，营业额 126.6 亿元人民币，营业收入 85.7 亿元人民币，利润总额 8.6 亿元人民币。从被迫"走出去"，到成为海外业务"排头兵"，中建五局发挥以基础设施建造为主的优势开拓海外 30 多年，海外业务涵盖阿尔及利亚、中西非、东南亚、欧洲、埃及、科特迪瓦、巴基斯坦、印度、孟加拉国等地区。在"一带一路"宏大背景下，发挥"投资+建造"优势，昂首阔步，致力成为中国建筑海外业务的排头兵。"一带一路"作为新时期国家层面"走出去"的总抓手，已经为中国企业的国际工程承包业务带来了巨大的发展机遇。在湖南，"湘企出海"行动给企业海外业务带来的新的发展机遇。中建五局作为湖南省"走出去"的龙头企业，是湖南省"湘企出海"行动的重要扶持企业，有着天然的政策和资金支持优势。因此，中建五局作为基础建设路桥房建板块的领军企业，被确定为六家重点调研单位之一。

表 2-2　中国建筑第五工程局对接"一带一路"建设项目

序号	项目名称	投资区域	项目单位	项目进度	建设内容及规模	总投资（亿元）	板块
1	梅地亚 53 公里高速公路	阿尔及利亚	中建五局	建设项目	交通运输建设	105.4	基础设施建设
2	CHERCHELL 绕城线 17 公里公路	阿尔及利亚	中建五局	建设项目	交通运输建设	27.8	
3	提巴萨 48 公里快速公路	阿尔及利亚	中建五局	建设项目	交通运输建设	26.7	
4	刚果（布）国家 1 号公路项目 3-2 分部	刚果（布）	中建五局	建设项目	交通运输建设	7.7	
5	康斯坦丁 3200 套项目	阿尔及利亚	中建五局	建设项目	房屋建筑	6.7	
6	西迪默罕默德 2160 套	阿尔及利亚	中建五局	建设项目	房屋建筑	6.2	

三、建工集团简介与"一带一路"进程

（一）企业简介

建工集团（全称：湖南省建筑工程集团总公司），是一家具有勘察设计、科学研究、高等职业教育、建筑安装、路桥施工、水利水电施工、新能源建设、设备制造、房地产开发、对外工程承包、劳务合作、进出口贸易、城市综合运营等综合实力的大型企业集团。集团注册资本金 200 亿元，年生产（施工）能力 2000 亿元以上，连续 14 年入选"中国企业 500 强""中国承包商 80 强和工程设计企业 60 强"，连续 18 年荣获 97 项中国建设

工程鲁班奖。建工集团以具有强大竞争优势的房建施工板块和投资开发板块为主体，以具备相当竞争能力且市场前景广阔的专业建筑及建筑服务业务和海外业务为两翼，打造"一体两翼"稳健的企业发展格局。

（二）"走出去"战略的实施与成果

自 20 世纪 50 年代以来，湖南建工的海外经营经历了从单纯的劳务分包—合作经营—独立承揽—"EPC+F"（融资总承包）的发展阶段。60 多年来，湖南建工的海外市场开拓能力逐步增强，经营规模日益扩大，项目执行能力和赢利水平也不断提高。尤其是近几年，在集团国际优先发展的战略方针引领下，公司的海外业务快速增长，经营状况不断好转，市场地位逐渐巩固。目前，海外在建项目 12 个，项目金额 12 亿美元，2014 年新承接援外项目 1 个，国际投标中标项目 3 个，签订商务合同的"EPC+F"模式的总承包工程 3 个，合同金额 4.88 亿美元，合人民币 30 亿元。在建项目主要分布在坦桑尼亚、加纳、斯里兰卡、马来西亚、塞拉利昂、斐济、萨摩亚等国家和地区，涉及公路、桥梁、电力建设、污水处理、地产等领域。随着海外业务不断纵深发展，建工集团在坦桑尼亚、加纳、斯里兰卡、斐济、马来西亚、塞拉里昂分别成立了境外公司，基本形成了以斯里兰卡为中心的东南亚市场，以蒙古为中心的北亚市场，以加纳为中心的西部非洲市场，以坦桑尼亚为中心的东部非洲市场，以澳大利亚、新西兰、斐济、萨摩亚为中心的南太平洋市场的发展格局。近几年来，建工集团在发展中促转变，在转变中谋发展，以"高端运作，规划引领"为战略，为海外经营大项目注入活力；以"合作共赢，纵横联盟"为理念，将"竞争对手"变为"竞合朋友"；以"建立据点，阵地经营"为手段，开拓创新，履行责任，做实做优做强海外市场，将组建总部设立北京力争在香港上市的海外集团，努力打造集独立投融资能力和 EPC 总承包能力于一体的海外经营平台。集团的经营区域已覆盖全中国，在非洲、亚洲、南美洲和澳大利亚等 21 个国家和地区建有公司或者工程项目部，目前在马来西亚、利比里亚、坦桑尼亚、赞比亚、阿联酋、尼日利亚、沙特阿拉伯、加纳、斐济、萨摩亚、斯里兰卡、澳大利亚、蒙古、塞拉利昂、孟加拉国、越南、老挝、几内亚、佛得角等国均有在建工程项目。

表 2-3 湖南省建筑工程集团总公司"一带一路"建设项目

序号	项目名称	投资区域	项目单位	项目进度	建设内容及规模	总投资（亿元）	板块
1	加纳电网改造项目	加纳	湖南省建筑工程集团总公司	建设项目	电力工程建设	14.9	能源资源合作
2	加纳沃尔特电网项目	加纳	湖南省建筑工程集团总公司	建设项目	电力工程建设	11.2	
3	马来西亚柔佛州金海湾项目	马来西亚	湖南省建筑工程集团总公司	建设项目	房屋建筑	7	
4	斯里兰卡道路升级改造项目	斯里兰卡	湖南建工设计-采购-施工总承包	已签约，等待融资协议批复	5 路 13 桥的改造升级	6	基础设施建设
5	斯里兰卡污水厂处理厂项目	斯里兰卡	湖南建工设计-采购-施工总承包	已签约，等待融资协议批复	2016 年新建污水处理厂（10500 吨/天）	4.8	
6	孟加拉拉杰沙希地表水处理厂项目	孟加拉	湖南建工设计-采购-施工总承包	合同条款谈判中	新建日处理 20 万吨饮用水厂，及 63KM 管网	19.8	
7	老挝万象至占巴塞高速公路项目	老挝	湖南建工集团	近期签订合作备忘录	老挝万象—老挝柬埔寨边境 700km	1097	

四、中联重工简介与"一带一路"进程

（一）企业简介

中联重科股份有限公司创立于 1992 年，主要从事工程机械、农业机械

等高新技术装备的研发制造。20 多年的创新发展，使中联重科逐步成长为一家全球化企业，主导产品覆盖 9 大类别、49 个产品系列，800 多个品种。中联重科先后实现深港两地上市，成为业内首家 "A+H" 股上市公司。目前，公司积极推进战略转型，打造集工程机械、农业机械和金融服务多位一体的高端装备制造企业。在国内形成了中联科技园、中联麓谷工业园、中联望城工业园、中联泉塘工业园、中联灌溪工业园、中联汉寿工业园、中联德山工业园、中联津市工业园、中联沅江工业园、中联渭南工业园、中联华阴（华山）工业园、中联上海（松江）工业园、中联芜湖工业园、中联开封工业园等园区。

（二）"走出去"战略的实施与成果

中联重科已覆盖全球 100 余个国家和地区，在 "一带一路" 沿线均有市场布局。中联重科开创了中国工程机械行业整合海外资源的先河；利用资本杠杆，在全球范围内整合优质资产，实现快速扩张，并构建全球化制造、销售、服务网络。截至目前，中联重科先后并购英国保路捷公司、意大利 CIFA 公司、德国 M-tec 公司、荷兰 Raxtar 公司、意大利 Ladurner 公司，均取得卓越成效。中联重科的生产制造基地分布于全球各地，产品远销中东、南美、非洲、东南亚、俄罗斯以及欧美、澳大利亚等高端市场。公司在东亚、东南亚、欧洲等全球近 20 个国家建有分子公司，在意大利、德国、巴西、印度、白俄罗斯投资建有工业园，在土耳其、沙特拟新建工厂，并在全球设立 50 多个常驻机构。以阿联酋、巴西为中心，正逐步建立全球物流网络和零配件供应体系。在海外拥有意大利 CIFA 工业园、德国 M-TEC 工业园、印度工业园、巴西工业园、中白工业园，并将新建土耳其工厂、沙特工厂。

表 2-4　中联重科股份有限公司"一带一路"建设项目

序号	项目名称	投资区域	项目单位	项目进度	建设内容及规模	总投资	备注
1	农业机械、工程机械投资	印尼	中联重科	建设项目	在印尼组建合资公司，生产农业机械和工程机械，当地销售	12.4	产业投资
2	中国-白俄罗斯工业园生产基地	白俄罗斯明斯克州	中联重科	建设项目	年产 3000 台套工程机械设备，超过 20000 平方米生产厂房	3.1	合作园区

五、隆平高科简介与"一带一路"进程

(一) 企业简介

袁隆平农业高科技股份有限公司（简称"隆平高科"）是一家以"杂交水稻之父"袁隆平院士的名字命名的国际化种业企业，目前大股东为中国中信集团。公司 1999 年成立，2000 年上市，2017 年跻身全球种业企业前十强。公司业务涵盖种业运营和农业服务两大体系。种子业务方面，公司水稻、玉米、蔬菜、食葵、谷子等核心品类全球领先，小麦、棉花、油菜、马铃薯等品类快速发展；农业服务方面，新型职业农民培训、精准种植技术服务、耕地修复与开发、品质粮交易平台、品牌农业、农业金融等齐头并进。2016 年公司实现营业收入 22.99 亿元，同比增长 13.5%；实现归属于母公司所有者的净利润 5.01 亿元，同比增长 2.05%。

研发创新是隆平高科的核心竞争力。

(二) "走出去"战略的实施与成果

隆平高科公司以"推动种业进步，造福世界人民"为使命，以"世界优秀的种业公司，致力于为客户提供综合农业服务解决方案"为企业愿景，不断推进隆平事业发展，矢志为中国民族种业在世界崛起之梦想而努

力。隆平高科积极响应国家"一带一路"倡议，致力于用中国的现代农业技术，帮助其他国家发展农业生产，促进其解决粮食安全问题，多年来开展援外农业培训、援外项目合作。2009 年公司成为商务部授予的首个"中国杂交水稻技术援外培训基地"企业，2015 年成为商务部授予的五家"对外援助项目实施企业"资质企业之一。已先后承担国家 10 多个援外技术合作项目，为亚、非、拉、加勒比及南太平洋地区 60 多个国家培训 5000余名农业官员、农技专家。公司构建了全球化的商业化育种体系，以及国际先进的生物技术平台，拥有研发团队 500 余人，年 R&D 投入占比约10%，并在中国、菲律宾、印度、巴基斯坦、美国、巴西等国家建立了研发机构，试验基地总面积近 7000 亩，主要农作物种子的研发创新能力居全球领先水平，为世界农业发展作出了积极贡献。

表 2-5　袁隆平农业高科技股份有限公司"一带一路"建设项目

序号	项目名称	投资区域	项目单位	项目进度	建设内容及规模	总投资	板块
1	东帝汶湖南农业产业园	东帝汶	隆平高科	建设项目	东帝汶马纳图托省，农副产品生产及加工。优贷程序在走，预计投资 1 亿美元，面积 2000 公顷。目前已经投产 1500 亩，2015 年新开发了 100 公顷的育种基地。	6.2	合作园区
2	巴基斯坦杂交水稻联合研发中心	巴基斯坦	隆平高科	建设项目	与巴基斯坦农业研究中心合作，建立杂交水稻育种研发基地、高产栽培示范基地及杂交水稻技术培训中心，并开展杂交水稻育种研发、生产技术改良及培训	1	科技人文合作

六、水电八局简介与"一带一路"进程

(一) 企业简介

中国水利水电第八工程局有限公司水电公司（简称水电八局），是美国《财富》杂志世界 500 强榜单企业——中国电建旗下的骨干企业，亦是占据世界水电工程建设半壁江山的"中国水电"品牌的创建者和领头者之一，拥有土木工程最高等级的施工总承包特级资质，是新中国成立后治理江河的第一支机械化队伍。经过 70 年的发展，水电八局由单一的水利水电工程承包商，发展为涵盖水电热电核电风电等能源建设，承接公路铁路市政交通施工，涉足矿山海港农业环保等多个基础设施建设领域的专业化施工队伍。先后承建了三峡、龙滩、溪洛渡等国内大型特大型水电工程建设的主体工程，积累了丰富的坝工技术和管理经验。随着中国水电八局转型升级步伐加快，水电公司一边稳定传统优势水电业务市场，为中国水电八局实现产业多元化战略创造稳定局面；与此同时，逐步谋求转型发展，在水环境治理、水利、路桥、洞室开挖等基础设施业务和投资方面做大做强。

(二) "走出去"战略的实施与成果

水电八局紧紧抓住国家实施"一带一路"倡议和长江经济带发展战略的历史机遇，顺势勇为，不断超越，自 1997 年取得国家允许的对外经营权后，在巴基斯坦获得巴罗塔水电站厂房工程施工授权。并相继在马来西亚、印度尼西亚、越南、老挝、柬埔寨、缅甸、孟加拉国、科威特、沙特阿拉伯、尼泊尔、斯里兰卡、印度、澳大利亚、尼日利亚、加纳、莱索托、埃塞俄比亚、委内瑞拉、厄瓜多尔等国家承建了 50 多项工程项目。目前，已建立了中东、东南亚、西非、南非、南亚、南美等多个区域办事处，年市场营销额近 20 亿美元，经营方式也由单一的施工承包向 EPC、BOT、PPP 等多种模式发展。在多年的跨国经营实践中，水电八局牢固树

立"业主至上"的经营理念，着力为业主排忧解难，拥有世界一流的先进的技术和管理经验，海外业务发展迅猛。因水电八局是中国电建旗下的骨干企业，属于央企，其项目未计入湖南省的产值，故其项目暂未在《湖南省对接"一带一路"倡议行动方案（2015—2017 年）项目清单》罗列。

第三节　调研过程与问卷设计

一、调研过程

"一带一路"倡议提出以来，中国与"一带一路"沿线国家的贸易发展势头迅猛。中国企业投资增长迅速，由此带来的语言需求也迅猛增长。围绕"一带一路"沿线国家的语言需求调查运用问卷为主、访谈为辅的研究方法。定量研究调查出海企业对语言人才的需求，以及语言能力培养与培训的现状和效果，问卷数据采用 SPSS 17.0 进行分析。通过对统计问卷各维度的均值、标准差分析企业对语言人才的需求，并对语言能力的具体要求与满意度进行差异检验。此外，为进一步了解企业对人才语言能力的深层次需求与对目前出海员工语言能力的满意度，在问卷回收后，本研究采用重点访谈与随机抽样的形式对 15 位企业高管与出海员工进行了座谈。访谈所得的调查结果作为问卷回答的文本内容的质性材料，录入 Excel 表格进行统计。

本研究以湖南省六家企业实施"走出去"战略、积极响应"一带一路"倡议的优秀省局大型企业、中央在湘企业与上市公司为调研对象，采用整群分层随机抽样法选取调查对象，覆盖海外事业部、人力资源部、业务部、市场部四个与海外业务及人员招聘、培训密切相关的部门，保证了数据的非集中性。为保证问卷的效度，采用现场发放与回收问卷的方式，在负责人的积极组织下，被调研人员参与热情高，完成问卷十分认真。共发放问卷 82 份，回收 80 份，回收率为 97.5%，有效问卷 80 份，有效率达 100%。

表2-6 调研过程一览表

调研单位	时间	访谈对象	职务	调研事项
湖南省商务厅	2018年9月8日	毛七星	副巡视员	1. 湖南省企业出海的整体情况； 2. 湖南省出海企业对语言的需求与供给情况； 3. 省商务厅针对出海企业组织的语言培训情况。
		彭争	对外投资和经济合作处长	
		李正淳	科长	
中南院	2018年9月19日	张雷	电力机电设备成套有限公司副总经理	1. 与电力机电设备成套有限公司、海外公司、援外培训的负责人及座谈，初步了解中南院的海外业务发展以及对语言的需求与人员培训情况； 2. 征求对《调查问卷》的修改意见。
	2018年10月22日	张雷	副总	1. 问卷调查； 2. 对在整个调研过程中存在的一些困惑进行深入访谈。
中建五局	2018年9月29日	龚兴旺 杨广贤	海外事业部经理人力资源部经理	1. 问卷调查； 2. 访谈：海外事业发展情况；语言人才的需求情况；企业组织的语言培训情况。
建工集团	2018年10月17日	梁静	人力资源部部长	1. 问卷调查； 2. 访谈：海外事业发展情况；语言人才的需求情况；企业组织的语言培训情况。
水电八局	2018年10月16日	岳峰	海外事业部、国际公司副总	1. 问卷调查； 2. 访谈：海外事业发展情况；语言人才的需求情况；企业组织的语言培训情况。
隆平高科	2018年10月15日	邹林静	海外项目部经理	1. 问卷调查； 2. 访谈：海外事业发展情况；语言人才的需求情况；企业组织的语言培训情况。
中联重科	2018年10月19日	段娴	海外公司总助、人力资源部部长	1. 问卷调查； 2. 访谈：海外事业发展情况；语言人才的需求情况；企业组织的语言培训情况。

湖南省教育科学研究院对本研究给予了大力支持，为研究者开具了前

往六家企业开展调研的"接洽函"。由于是第一次在外单独开展调研，为了使调研更具实效性、人员的接洽更为有效，本人广泛调动同学、同事与朋友帮助联系。有些企业进展比较顺利，有些企业由于海外公司的负责人出国、开会等情况费了些时间，而有些企业如中联重科、隆平高科等上市企业对于来访有着十分严格的流程，在辗转找到企业内部工作人员后，经反复联系与协调，历经两个月完成全部调研。

（一）湖南省商务厅调研情况

在对六家重点出海企业开展调研之前，笔者在导师张放平厅长的推荐与联系下，于 2018 年 9 月 8 日来到湖南省商务厅了解湖南省出海企业的海外业务情况。首先，向分管对外合作处、投资管理处与培训中心的毛七星副巡视员汇报研究目标与调研方案，得到了毛副厅长的支持与认可。他认为湖南省企业近年来"走出去"业务发展态势良好，也对企业管理人员与员工提出了更高的要求。省商务厅为进一步落实国家"一带一路"倡议，提高湖南省外经队伍"走出去"业务水平，多次成功举办了全省"走出去"业务培训班，组织各市州、县市区商务主管部门的领导以及"走出去"企业代表参加法律、政策、商务、金融、服务平台等主题的业务学习。此外，商务厅还秉承"立足湖南，放眼世界；追求卓越，服务社会"的宗旨，先后为 117 个国家培训国际商务官员和专家 7000 多人，为湖南及其他省市的商务系统培训干部职工、企业管理人员和技术骨干 5 万多人。对于目前企业的语言培训现状，他认为各企业应该是很重视这一块的，但需要充分调研。毛副厅长对本研究项目予以了充分肯定，认为基于实地调研的研究具有现实意义，并希望项目组能将调研结果报送商务厅，对于他们组织企业培训有重要的参考意义。

随后，毛副厅长将研究者引荐给了对外投资和经济合作处的彭争处长与李正淳科长，彭处长对推动"一带一路"建设、发展开放型经济有深入研究，与研究者分析了湖南融入"一带一路"的基本情况，指出湖南要推动新丝路建设，必须打造以丝路联盟为核心的"1+3"公共服务平台；在海外基础设施建设、国际产能合作、特色优势产品"走出去"、优势企业开展跨国并购的过程中，必须规范海外经营行为，提升风险防范能力。因此，他认为语言沟通技能是企业员工在开展"走出去"业务中必不可少的技能，由于国别与各企业的业务范围存在差异，企业对员工语言能力的需求呈现多样化的特征。对外投资和经济合作处的李正淳科长结合自身的出国工作经历向研究者叙述了他对企业语言人才的需求看法，并诚恳地指出商务厅在组织语言培训方面还不够深入、有效。商务厅虽然组织过一些英语培训，但培训对象主要为厅局干部职工；针对企业的语言培训相对较少。他认为深入调研对于准确把脉、精准服务有着重要的意义，希望研究者能详尽地了解企业对于语言培训的真实需求并向商务厅呈报，以便他们改进培训方式、提升培训效果，更好地为湘企出海助力。

（二）中南院调研情况

中南院的越南莱州水电站的机电设备成套供货项目是中南院在国际市场上的首个融资项目，也是首个由中南院作为牵头方签订的百万千瓦级设备成套项目。笔者有幸结识负责此项目的中南电力机电设备成套有限公司副总经理张雷，因此，中南院成为本研究的首个调研单位，除了在电话上多次与张总沟通之外，笔者还分别于9月19日与10月22日两次前往中南院进行了调研。第一次调研是在张总的有力组织下，与中南院电力机电设备成套有限公司、海外公司、援外培训的负责人进行了3个小时的座谈，初步了解了中南院的海外业务发展以及对语言的需求与人员培训情况；第二次是在完成其他五家企业的调研之后，再次前往中南院进行问卷调查，20份问卷分发给了电力机电设备成套有限公司、海外公司与培训部，保证了调研的非集中性。随后，笔者与张总等人就整个调研过程中存在的一些困惑进行了深入访谈。因此，中南院既是本研究调研的起点，也是终点。

（三）中建五局调研情况

经笔者同学的穿针引线，先结识了中建五局人力资源部的李查经理，再通过李经理引荐，与海外事业部的龚兴旺经理取得了联系。9月29日，研究者来到了中建五局海外事业部进行调研。中建五局作为全球最大投资建设集团——中国建筑股份有限公司的全资骨干企业，集投资商、建造商、运营商"三商一体"，位列湖南三强。巍峨的大厦不足为奇，然而发展有理念，管理有规范，行为有典有章，处处可感受到巨型央企的不凡底蕴和责任担当。尤其在"一带一路"宏大背景下，海外事业部充分发挥"投资+建造"优势，克服语言文化国情等重重困阻，在艰难的环境下积极拓展海外市场，在异国他乡脚踏实地构建新时期发展蓝图。中建五局在人才培养上更是不遗余力，为年轻人的能力成长和职业生涯的建构提供了丰厚的物质基础和广阔的发展空间。对于语言培训，中建五局为员工提供了极为丰厚的激励机制。在人员招聘方面，将是否拥有英语等级证作为优先录用条件，尤其语言实际应用能力突出的应聘者还可放宽学历及专业限制。在龚经理的精心组织与督促下，10 份问卷调查全部发放给了海外事业部的员工，其中大部分为曾经出海工作的管理人员，保证了调研的代表性。

（四）隆平高科调研情况

经笔者在长沙市农业局的朋友引荐，经过严格的审核流程，隆平高科提前打电话询问了调研目标与问卷调查的主要内容。10 月 15 日，笔者来到隆平高科总部新大楼。隆平高科是商务部授予的具有援外培训资格的五家公司之一，通过传授技术、提供种子，帮助落后国家实现粮食自给自足，造福全世界。项目部的邹总详细地介绍了隆平高科的海外业务以及对语言人才的要求。英语专业八级是必备，但即使如此，涉及技术、谈判层面，专业语言学科的研究生仍难堪大任。邹总不仅对高端语言人才的培养提出了诚恳的建议，还对新时期高等教育人才地提出了殷殷期望：责任心比能力更重要，集体成就比个人成绩更有价值，信仰不可缺，爱国心要坚定。在邹总的组织下，12 份问卷分发给项目部、人力资源部与培训部的管理人员与员工，并完成全部高质量地回收。

（五）水电八局调研情况

在中南院调研时，张总热情地问起笔者的调研计划，并主动帮忙联系了水电八局海外公司的岳峰副总经理。因此，水电八局的调研进行得十分顺利。岳副总热情而诚恳地回答了所有问题，在他的督促下，11 份问卷全部由海外公司各部门经理以及他本人高质量地完成。岳副总本人在巴基斯坦和非洲驻外工作过八年，对于出海企业的语言需求体会颇深。他介绍了海外公司的业务情况，在印尼、沙特、非洲、加纳、马来西亚、孟加拉国、南美洲、南亚等"一带一路"国家均有布局，通过贷款与竞标两种方式开展投资与工程施工业务，产值达 70 亿，在湖南省排第一。岳副总还详细地介绍了水电八局在人员招聘、外派前、到达驻地后等各个环节在提升员工语言能力方面所采取的措施，以及升职、提薪等方面对语言能力的要求与激励措施。最后请他对语言教育提出建议时，他强调"实用"二字，特别要能说会写，希望学校要好好利用实习实训加强对学生实操能力的培养，走出家门、校门、出省、出国，在实际交际与工作中强化语言应用能力的学习。

（六）建工集团调研情况

在同学的引荐下，10 月 17 日笔者来到湖南建工集团进行调研。建工集团的营业收入连续 15 年上榜中国企业 500 强，排名第 191 位，在湖南上榜的 7 家企业中位居第 2。其下属的中湘海外建设发展有限公司以全球视野谋划发展，牢牢把握"一带一路"建设历史机遇，积极扩大国际产能和项目合作，不断提升企业在全球价值链中的地位。人力资源部梁部长组织人力资源部、业务部与海外事业部的负责人共 12 人填写了调查问卷，并与笔者进行了整整一个上午的座谈。她认为国内工科学生并不比国外差，集团对技术高、外语好的工科学生是求贤若渴，尤其随着海外市场的不断开拓，学好外语意味着更强的竞争力、更广阔的职场晋升机会和更丰厚的收入。她希望高校在职业生涯与就业指导方面能加强教育和引导，年轻人应该多到外面去看一看，在海外工作中磨砺与提升自己。

（七）中联重工调研情况

中联重科是调研的最后一站，也是等待时间最长的一站。中联重科创立仅 26 年，深港两地上市，注册资本达 77.92 亿元，其生产制造基地分布全球各地，覆盖全球 100 多个国家和地区，在"一带一路"沿线均有布局，以"包容、共享、责任、规则、共舞"的国际新姿态，赢得了国际社会的认可。作为上市公司，中联重科对外访有着严格的内部审批程序。笔者从申请到最后成行花了将近一个月，期间先后有管理学院、人力资源部的负责人打来电话确认，并通过各种渠道了解了笔者的背景与身份。在所预约的调研时间前两天，再次打来电话确认，并周到地询问是否需要投影仪、需要多少人在场接受调研、调研的主要问题等详细信息。调研当天，当笔者按照约定时间到达中联重科工业园传达室之后，人力资源部的工作人员已经就绪，并协助办理入园手续。海外公司总经理助理、人力资源部的段部长与徐小姐详细地介绍了海外事业对人才的要求与语言需求，其专业素养令人钦佩。中联重科作为机械研发制造的龙头老大，在人才引进、团队建设、职业发展、培训计划、薪酬制度等方面都凸显了对语言能力的重视，通过一系列措施激励和引导员工加强外语学习，提升他们用英语以及小语种进行技术交流、市场开拓、售后服务、财务管理、法律支持等各项工作的能力。谈及对高校人才培养的建议，她们提出对公外需与专业技术紧密结合，双语教育是有效途径；而外语专业需要加大力度培养更多高端的专业型翻译。

二、调查问卷的设计与组成

本研究在语言需求分类与人才培养模式的基础上，结合湖南出海企业的业务特征，设计了问卷初稿。在此基础上，借鉴一些研究者的调查内容，听取导师与专家建议，初步设计形成调查问卷的初稿。随后，与中南院电力机电设备成套有限公司、海外公司、援外培训的负责人进行了 3 个小时的座谈，充分听取他们的意见，对调研方向与问题进行了调整与聚集，综合访谈对象反映的情况，重新制定了"湖南出海企业语言能力需求调研"的问卷，为整个研究的调研奠定了基础。

研究者选取中南院 5 位具有出海工作经历的管理人员与技术人员进行

了初次问卷评测。根据试测对象提出的评测项顺序以及具体内容的表达等修改意见，笔者对题项与主题的匹配度、语言表达的清晰性、题项的全面性等进行分析，逐条推敲，多次修改，最终形成由 3 个维度 24 个题项组成的"湖南出海企业语言能力需求调查问卷"。问卷由三个部分构成：调研对象基本情况、出海企业员工语言能力需求情况、语言培训情况。第一部分旨在参与问卷调查人员的基本情况；第二部分为需求调研，旨在了解出海企业在"一带一路"背景下对员工语言能力的需求；第三部分为供给调研，旨在了解出海企业为满足语言能力需求所采取的措施。

由于这六家企业的业务范围、出海国别、"一带一路"实施情况呈现多样性特征，因此除了调研对象基础情况为单选题之外，核心的"语言能力需求情况"与"语言培训情况"均为多选题。

第四节　问卷参与人员基本情况

本研究的调研对象是湖南省六家有代表性的出海企业，问卷调查的参与人员均是这六家企业的相关业务部门的管理人员与技术人员。全面了解参与问卷调查的人员的岗位分布、专业出身、外派出海经历与意愿，对科学有效地分析语言能力需求与供给情况有重要的参考价值。

一、岗位分布

（一）数据归纳

根据企业的部门一般性构成特点，调查研究问卷设置了"经营管理""专业技术""市场销售""后勤服务"这四个题项。从调研的情况看，出海岗位中管理人员最多，占到 66.25%，专业技术人员为 18.75%，市场销售人员为 13.75%。从统计数据来看，参加问卷调查的人员绝大部分都有一线工作经历，在管理岗、技术岗和市场岗的比例占绝大多数，对公司的业务发展比较了解。

表2-7　岗位分布：数据归纳

公司	中南院	中建五局	水电八局	隆平高科	建工集团	中联重科	合计	百分比
管理	9	9	10	10	8	7	53	66.25%
技术	5	1	1	1	2	5	15	18.75%
后勤	1	0	0	0	0	0	1	1.25%
市场	5	0	0	1	2	3	11	13.75%
总计	20	10	11	12	12	15	80	100%

（二）汇总分析

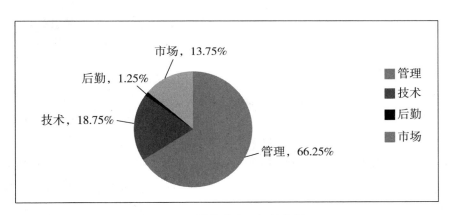

图2-1　岗位分布：汇总分析

参加问卷调查的管理岗员工人数最多，高达66.25%，这一方面是由于受经费与可行性所限，问卷调查均是在企业位于省会长沙的总部开展的，并未深入企业的海外一线，因此，接受本研究问卷调查的以在总部的管理岗偏多。但通过访谈得知，相当多的管理人员都是从业务部门或市场部门提升到管理岗的。因此，从这个角度来说，问卷调查的对象的来源主要为专业技术人员与市场销售人员，是在海外工作时与驻地国人员交流较多的人群，因此，他们的观点不仅有代表性，而且能较好地反映出海企业在各个层次语言交流的需求。其次，也从量的角度验证了与六家企业人力资源管理部门访谈后所了解到的激励机制，如中建五局对后备干部的选拔、青年人才的培养、专业技术与管理层级的晋升方面均出台了严格的出海锻炼规定，不断为海外业务注入新的血液，带动提升海外人才整体水平。

（三）比较分析

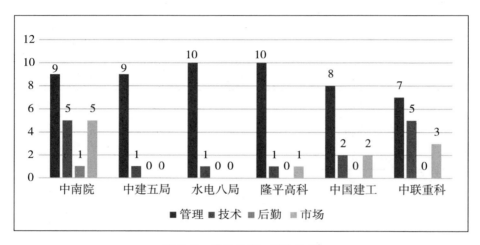

图2-2 岗位分布：对比分析

对六家企业参加问卷调查的人员的岗位分布进行对比可以发现，从岗位分布的比例上看，中建五局、水电八局与隆平高科这三家企业参与问卷调查的管理岗比例最高，这与研究者所调研的企业组织架构以及所联系的企业负责人有关。以中南院为例，由于笔者与其中一个部门的负责人较熟悉，在他的积极组织下，有机电设备公司、海外公司、援外培训部门三个部门的负责人与业务骨干参与调研，因此参与问卷调查的各岗位比例较为均衡。建工集团由于所联系的人力资源部与海外公司在同一楼层，而且作为国企，其人事管理与人员招聘管理权被紧紧地控制在总部，因此人力资源部的经理能高效地组织各部门参与问卷调查。而中联重科作为上市公司，管理流程十分严谨，在参与问卷调查之前就详细地了解了调研目的与内容，因此做了周详的安排，这也体现了企业对本研究的重视与支持。

二、专业分布

（一）数据归纳

表 2-8　专业分布：数据归纳

公司	中南院	中建五局	水电八局	隆平高科	建工集团	中联重科	合计	百分比
理工	10	4	5	1	7	9	36	45.00%
经管	4	3	6	2	2	1	18	22.50%
语言文学	4	1	0	4	2	2	13	16.25%
其他	2	2	0	5	1	3	13	16.25%
总计	20	10	11	12	12	15	80	100%

根据高等教育学科的分类特点，结合所调研的企业的业务特征以及本研究的"语言能力需求"这一主题，调查问卷在调研对象的专业分布问题上设置了"理工""经管""语言文学"与"其他"这四个题项。

（二）汇总分析

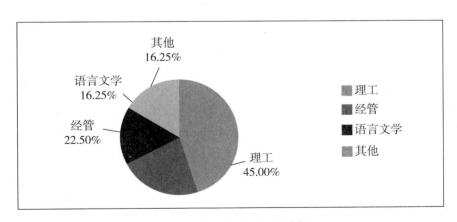

图 2-3　专业分布：汇总分析

从统计的数据看，理工专业的人员最多，占到45%；经济管理专业为22.5%；语言文学为16.25%。参加问卷调查的人员理工专业出身的占了近一半，这也符合调研企业的业务特点，即这六家企业大多以工程、建筑、能源、设备有关。其次，由于"走出去"倡议除了工程建设与对外投资之外，还需要大力开拓海外市场，因此对经营管理人员的需求也较大。此外，参与问卷调查的人员有16.25%是外国语言文化专业出身，这反映了在"走出去"倡议的背景下，这六家海外业务发展蓬勃的企业对员工语言能力要需求较高，对语言人才也做了相应的储备。

（三）比较分析

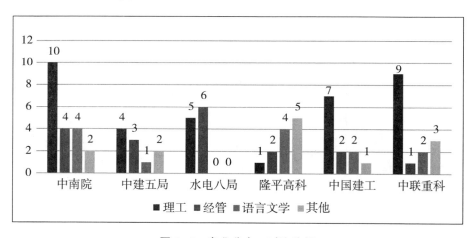

图2-4　专业分布：对比分析

对六家企业参加问卷调查人员的专业分布进行对比可以发现，中南院、中联重科与建工集团的员工理工专业比例最高，充分体现了这三家企业以能源、机械、建筑为主营业务的发展特色，尤其中联重科对理工专业方面的人才需求很高，反映了机械制造在海外市场开拓中的重要作用。水电八局参加问卷调查的11人中有5人为理工专业，另外6人为经管专业，通过进一步访谈了解到，水电八局由于海外市场开拓的需要，以及驻地国对于聘用本国员工有比例要求，因此其外派人员构成主要由"专业技术+市场营销"组成，这也充分体现到本研究的"专业分布"数据中。在这六家公司中，隆平高科是一个特例，参加调研的人员是理工专业的人数最少，最多的是"其他"。研究者在统计完数据后对此感到疑惑不解，通过电话回访，了解到隆平高科的主营业务为种业，因此农业专业的专业技术人员最多。而研究者由于疏忽，缺乏调研经验，在设计调查问卷时未充分考虑到各企业的业务特点，因此在题项中未列明"农业"这一专业，从而造成隆平高科的"专业分布"数据统计中出现了大比例的"其他"，对统计结果造成了干扰。

三、外派经历

（一）数据归纳

表 2-9　外派经历：数据归纳

公司	中南院	中建五局	水电八局	隆平高科	建工集团	中联重科	合计	百分比
曾经	14	6	10	10	7	13	60	75.00%
未曾	5	4	1	1	4	2	17	21.25%
即将	1	0	0	0	1	0	2	2.50%
不会	0	0	0	1	0	0	1	1.25%
总计	20	10	11	12	12	15	80	100%

由于研究主题为出海企业的语言能力需求，因此本题旨在了解参加问卷调查的人员是否有外派工作经历，以增加研究的信度。题项设置上，分为"曾经""未曾""即将"与"不会"四个题项。

（二）汇总分析

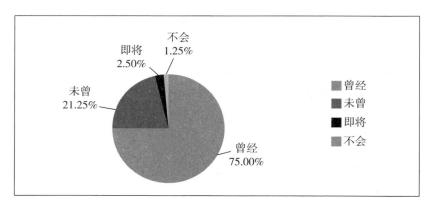

图2-5 外派经历：汇总分析

从汇总的统计数据看，提交有效问卷的 80 人中，60 人有曾经被企业外派到海外工作的经历，比例高达 75%；未曾被外派的为 21.25%；即将被外派的 2.5%；不会被外派的 1.25%。经与"岗位分布"情况进行对照，不会被外派的人员基本来自后勤服务岗。因此，本研究的调研对象具有代表性，对出海企业的语言需求有切身体会，保证了研究的有效性与质性。

（三）比较分析

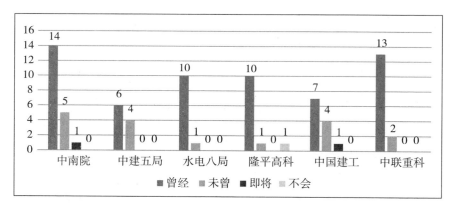

图2-6 外派经历：对比分析

对比六家企业参加问卷调查人员的外派经历可以发现，水电八局、隆平高科、中联重科的外派比例最高，高达91%、83%、87%，结合"岗位分布"的统计情况，可看出这三家企业的海外工作人才回流的比例较高。建工集团的人才回流比例最低，经与海外公司人力资源部梁经理深入访谈，研究者对该公司的派遣人事制度有所了解。建工集团海外公司以项目组为单位招聘土木、水利水电、路桥等工科人才较多，由于建设项目周期长，整个建设的几年时间基本都在国外工地，项目一旦完成，则被公司派遣到其他的国外工地，回流到总部的项目组成员较少，因此参与调研的曾经外派的员工比例在六家中最低。

结合"岗位分布""专业分布"与"外派经历"这三部分的数据与访谈信息，研究者发现参与问卷调查的人员大多以理工专业为主，同时企业对经管人才的需求也较大，而外语专业人才大多作为翻译岗随项目组在各国辗转。外派员工有一部分在经历了若干年海外一线工作后专业技术与管理能力得到很大提升，从而回流到总部并被提拔到管理岗位；有一部分在海外工作中自身专业技术与市场开拓能力得到极大的锻炼，继续留在海外。由于各企业对海外市场的持续重视，出于海外优先原则，纷纷出台了包括薪金在内的各项激励制度，从而铸造出了一批精于业务、勇于开拓的高素质人才，在海外业务中发挥越来越重要的作用。

四、外派意愿

（一）数据归纳

表2-10 外派意愿：数据归纳

公司	中南院	中建五局	水电八局	隆平高科	建工集团	中联重科	合计	百分比
愿意	13	4	8	7	2	8	42	52.50%
不愿意	5	2	2	4	6	4	23	28.75%
不知道	2	4	1	1	4	3	15	18.75%
总计	20	10	11	12	12	15	80	100%

在了解了外派经历后,调查问卷设计了"外派意愿"这一题目,旨在了解这六家企业海外业务蓬勃发展的人力因素及隐含的制度因素。意愿属于情感态度,设置了"愿意""不愿意""不知道"这三个题项。

(二)汇总分析

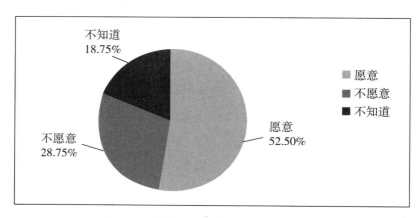

图 2-7 籍员工中文学习意愿:汇总分析

从汇总的统计数据看,在参与问卷调查的人员中,愿意被外派的为 42 人,不愿意的为 23 人,15 人回答不知道,分别占到总人数的 52.5%,,28.73%,18.75%。

通过对企业负责人与参与问卷的部分人员进行访谈,愿意被外派的原因主要有以下三个方面:一是海外工作事业发展更好,在"一带一路"业务日益重要的今天,是否在海外工作成为技术人员转管理岗的重要条件、成为工资与激效晋级的重要依据。二是海外工作薪水更高,被调研的六家企业对于派驻海外的员工均有完善的薪资制度,相对于在国内较为稳定的收入,在国外工作增设了丰厚的外驻补贴与极具吸引力的激效奖励制度,以中建五局为例,出台了《海外营销国别组(代表处)员工目标考核奖励办法(试行)》《海外项目考核兑现补充规定》《境内子企业海外经营业绩评价办法》等文件与规定,加强了对海外业务的考核奖励力度,将国别组员工薪酬分为"岗位工资、基本奖励、业绩奖励"三个部分,将各单位海外合同额和营业收入按 2 倍计算,对完成海外经营预算指标且业绩考核前两名的局属境内子企业给予相应奖励；并设立海外业务特别奖励，对全局首家海外业务年度合同额过 50 亿元或首家海外年度营业收入过 30 亿元的二级单位，给予特别奖励 100 万元。三是对个人的锻炼与能力提升更为全面。在海外工作，不仅需要出色的管理、专业技术、市场营销等业务能力，而且对语言、跨文化交际能力与心理素质都有很高的要求，个人得以迅速成长。

（三）比较分析

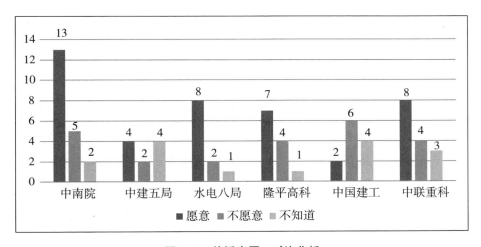

图 2-8　外派意愿：对比分析

对六家企业参加问卷调查人员的外派意愿进行对比发现，水电八局、中南院、隆平高科的外派意愿分列前三，高达 73%、65%、58%，而建工集团是唯一一"愿意被外派"少于"不愿意被外派"的公司。这与该公司的项目组管理制度与人事制度有一定关系。

通过对"外派意愿"与"外派经历"的比例进行对比，笔者发现愿意被外派的比例（52.5%）少于实际曾被派出的比例 75%。通过对负责人与参与问卷的部分人员进行深入访谈，笔者总结出两个可能原因：一是海外工作挑战性大、离家远、不能很好地照顾家庭，因此一部分员工在经历了几年的外派后，希望稳定下来。二是随着年龄与阅历的增长，被外派的员工各方面的能力得到了提升，希望在其他岗位上得到进一步锻炼，挖掘自己的潜能。

第三章　出海企业语言能力
需求调研与分析

中国国家主席习近平在中亚国家访问时的多次讲话中强调"一带一路"建设要同各国发展倡议对接，构建互利共赢的利益共同体。"一带一路"建设以"政策沟通、设施联通、贸易畅通、资金融通、民心相通"为主要内容，需要中国企业走出去，需要中国企业配合沿线国家的经济建设，为企业驻地国谋福利。在国家"一带一路"倡议下，越来越多的企业走出国门，针对境外企业的语言需求也成倍增长，语言供给侧改革面临着巨大机遇。

作为直接参与"一带一路"建设的出海企业员工，其语言能力对于海外业务的拓展与各项工作的展开具有重要的作用。相关的语言人才供给策略的制定必须基于细致、全面、真实的需求调研。《湖南出海企业语言能力需求调研》由三个部分构成，第一部分为参与问卷调查人员的基本情况（见第二章）；第二部分为需求调研，即对出海企业出于"走出去"业务需要，对员工需具备的语言能力进行调研（第三章）；第三部分为供给调研，即了解出海企业为满足语言能力需求所采取的措施（第四章）。

本章基于《湖南出海企业语言能力需求调研》的 1—11 题，对出海企业员工需具备的语言能力进行调查。语言能力需求从功能上可分为交际性语言能力、工具性语言能力以及人文性语言能力；从语种上可分为通用语、母语、小语种与地方语；从能力评价上可分为大学英语三、四、六级、专业英语四、八级、雅思、托福、托业等。由于企业业务范围以及

"一带一路"进程具有差异性，因此这11道题目均为多选题。

　　通过对问卷调查的第二部分——语言能力需求调研的数据进行归纳、对比与分析，为研究提供量化依据；并通过对访谈内容进行详细的归纳，为研究提供质性的定性分析。本章由四节构成，分别对"出海企业员工的语言学习意愿与""出海业务所需语言能力与存在障碍""企业'一带一路'倡议所需语种""选派员工出海的语言要求"进行数据统计、对比与分析。

第一节　出海企业员工对语言能力的态度

一、出海员工语言能力的重要性

（一）数据归纳

表 3-1　出海员工语言能力的重要性：数据归纳

公司	中南院	中建五局	水电八局	隆平高科	中国建工	中联重科	合计	百分比
非常重要	11	6	9	7	6	10	49	61.25%
比较重要	9	4	2	5	6	4	30	37.50%
不太重要	0	0	0	0	0	1	1	1.25%
不重要	0	0	0	0	0	0	0	0.00%
总计	20	10	11	12	12	15	80	100%

　　"一带一路"倡议覆盖大半个世界版图，沿线国家众多，地缘复杂，涉及至少65个国家和地区的40亿人口，53种官方语言，语言格局复杂、宗教文化差异巨大、话语体系对接困难，对出海企业提出了巨大挑战。本次提交有效问卷的六家企业的80人中，75%的员工有过出海工作经历，因此他们对语言能力重要性的认识具有代表性和说服力。

（二）汇总分析

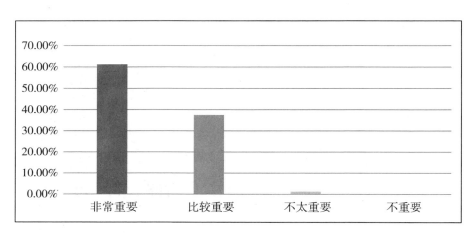

图 3-1　出海员工语言能力的重要性：汇总分析

汇总数据显示，认为在海外工作语言能力"十分重要"的员工占比 61.25%，认为"比较重要"的为 37.50%，加起来为 98.75%。在所有参加问卷的人中，只有 1 人选择了"不太重要"。通过随机对曾经在国外工作过的员工进行访谈得知，在国外工作，生活环境与生活条件都不是大问题，即使在非洲这样相对落后的国家，日常起居与工作条件跟国内相比相关并不大，气候与饮食也能较快适应。而语言的互通则需花费相对较长的时间。如果是在英语为通用语的国家，因为大部分员工都是国内本科毕业，有基本的语言沟通能力，在经过半年多的磨合期，日常交际不是大问题。但如果是在法语、阿拉伯语以及其他小语种为通用语的国家，语言交际就困难得多。尤其这六家企业中的水电八局、中南院、中建五局、中国建工在"一带一路"布局的工程项目集中在制造业、交通运输、建筑、电力工业等领域，经营模式以 BOT（Build-Operation-Transfer，即设计—经营—移交）和 EPC（Engineering-Procurement-Construction，即设计—采购—施工）为主，专业技术要求高、工期长，涉及从设计、设备采购、施工、经营等各个环节，尽管项目组随行都会有 1 到 2 名翻译，但远远不够日常交际与工作所需，因此语言能力的重要性对于出海企业，尤其在非英语国家驻扎的出海企业十分突出。如中国中小企业到东帝汶开拓市场，普遍存在语言障碍。由于东帝汶所有工程承包项目都是公开招标的，因此，取得项目需要符合一定的招标程序和流程。中国承包商虽然在工程质量、造价、工程时间上都有优势，但是很多中小企业往往由于不熟悉国际招标程序，或因语言问题、制作的投标文件不够规范而错过机会。中国企业需要熟悉国际招标程序、熟练制作规范的外文投标文件并做好项目跟踪工作。

（三）比较分析

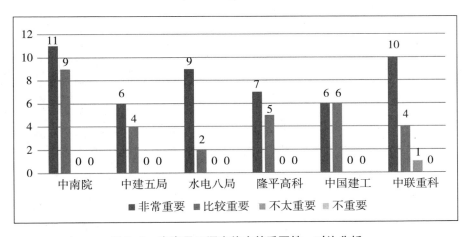

图 3-2　出海员工语言能力的重要性：对比分析

语言障碍对民众交流往来的制约作用显而易见。从六家企业员工对语言能力重要性的认识进行对比可以发现，水电八局与中联重工认为"非常重要"的比例最高。水电八局在"一带一路"的布局主要为印尼、沙特、非洲、加纳、马来西亚、孟加拉国等国家，这些国家对于中方员工比例有着较为严格的要求，如印尼与南美就规定派遣的中方人员只能是管理人员，因此每位中方管理人员都管理着大批的当地员工，从日常交流到技术指导都对语言能力提出了很高的要求。中联重科的生产制造基地分布于全球各地，与其他五家企业的工程设计与施工不同的是，中联重科在意大利、德国、印度、巴西、白俄罗斯、土耳其、沙特、阿联酋等"一带一路"沿线国家建有大规模工业园、物流网络和零配件供应体系，在东亚、东南亚、欧洲等全球近20个国家建有分公司，因此中联重科深度融入全球产业生态，对海外员工的语言要求十分高。

二、外籍员工中文学习意愿

（一）数据归纳

表3-2　外籍员工中文学习意愿：数据归纳

学习意愿	中南院	中建五局	水电八局	隆平高科	中国建工	中联重科	合计	百分比
非常想学	5	2	4	4	2	4	21	26%
有兴趣但畏难	15	8	7	8	10	11	59	74%
不想学	0	0	0	0	0	0	0	0%
总计	20	10	11	12	12	15	80	100%

在"一带一路"倡议的带动下，中资企业的大量进驻引发了当地的"汉语热"。以中亚国家为例，进驻当地的外资企业都必须严格遵守2：8的用工政策，保证所雇用的10个员工中至少要有8个是当地员工。此举为当地创造了大量的就业机会，而进入中资企业的当地员工则需要学习一些基础汉语，以便日常交流、相互合作。本题旨在了解在这些中资企业中外籍员工的中文学习意愿与态度，设计了"非常想学""有兴趣学但有畏难情绪""不想学"三个题项。

（二）汇总分析

以上汇总数据显示，26%的外籍员工非常想学习中文，74%的外籍员工对中文兴趣浓厚但怀有畏难情绪，"不想学中文"的为0，这些数据与访谈所了解的信息十分吻合，反映了中国企业"走出去"带动当地的汉语热这一现象。针对"一带一路"背景下的语言服务需求，很多学者从地区的

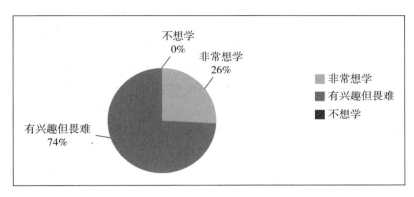

图 3-3 外籍员工中文学习意愿：汇总分析

角度出发，对区域范围内语言人才的需求状况做过研究。邢欣教授曾于 2015 年 11 月底远赴中亚国家塔吉克斯坦的首都杜尚别进行了街头采访及问卷调查。结果显示，无论是去中国还是学习汉语，其最大目的都离不开"就业"二字，这与本研究的调查结果不谋而合。

（三）比较分析

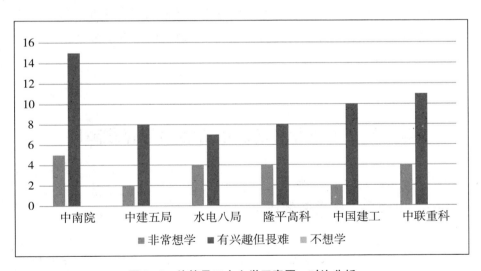

图 3-4 外籍员工中文学习意愿：对比分析

对六家企业外籍员工的中文学习意愿进行对比分析可以发现，选择

"有兴趣但畏难"题项的比例均超过"非常想学"题项。本调研因受资金与时间等因素所限，未能到出海企业的属地国进行调研，所以并未采访到外籍员工，本题归纳的数据与信息是根据出海企业中方员工的观察与体验所得，未能对外籍员工的中文学习态度做深度访谈，可能存在一定的误差。

据笔者多年对汉语国际教育的研究，中文难是导致"汉语热"来得快但学习效果不持久的重要因素。汉语传播任重道远，语言促进了经济和商业领域的合作，也促进了不同国度人们之间的感情，"汉语热"是"一带一路"倡议人心相通的体现。零点的多项海外民调结果显示，会汉语的人对中国的好感度明显高于不会汉语的人，有意愿接触中国文化或有能力从中国媒体获取信息的人最有可能成为推进中外公共外交的使者。从这个意义上说，消除与沿线国家互联互通的语言障碍，培养高级外语人才和对外汉语教学人才，并积极推广汉语具有紧迫性和重要性。孔子学院为世界各地培养了大量的汉语中高级人才，但对于企业一线工地工作的外籍员工来说，他们缺乏时间与机会进入课堂系统地学习中文，在日常交流中的学习很容易受到干扰，难以坚持，效果大打折扣。如何组织企业外籍员工有效地学习中文是一个值得深入研究的主题，在本研究的第五部分"决策建议与培训组织"中将予以论述。

第二节　出海业务所需语言能力与存在障碍

一、出海员工需具备的语言能力

出海企业的类别与业务范围各异，为归纳出这些"走出去"企业在语言需求方面的共同点，本题基于语言能力应用方面的基本性质，设计了三个题项：一是交际性语言能力，即有助于出海企业的员工在"一带一路"各国能便捷、安全地生活的基本语言应用能力；二是工具性语言能力，即有利于出海企业能更顺畅、高效地与驻地国开展技术与经贸合作的高水平语言应用能力；三是人文性语言能力，即有助于实现人心相通的深层次的跨文化交际能力。这三种不同层次、不同水平、不同性质的语言能力互相融合，建构起出海企业员工的完整语言需求，确保项目合作共建的过程中达成人与人之间相互信任，企业之间互利互惠以及国与国之间相互尊重的长远合作与发展关系。

（一）数据归纳

表 3-3　出海员工所需语言能力：数据归纳（多选）

公司	中南院	中建五局	水电八局	隆平高科	中国建工	中联重科	合计	百分比
交际性	15	9	8	8	8	11	59	38.06%
工具性	18	10	12	11	11	12	74	47.74%
人文性	5	1	3	4	1	8	22	14.19%
合计	38	20	23	23	20	31	155	100%

六家出海企业 80 份有效问卷的统计数据显示，为顺利地开展海外业务，员工需具备的三种语言能力中，需求最大的为工具性语言能力，占到 47.74%；其次为交际性语言能力，比例为 38.06%；对人文性语言能力的需求较少，为 14.19%。

（二）汇总分析

企业"走出去"的业务分为设备出海、对外投资、产能出海等，以本研究所调研的六家企业为例，其业务范围包含了机械设备、能源开发、基础设施建设、援外培训等，对专业技术的要求非常高。一方面，国内企业出于人力成本的考虑，另一方面由于驻地国出于就业的需要，出海企业在驻地国会招聘大量的本地员工作为一线施工人员或生产人员。因此所派遣的员工大多为技术过硬、经验丰富的专业技术人员和能开拓市场、善于处理与当地政府、企业、行业各种错综复杂关系的管理人员。与在国内进行

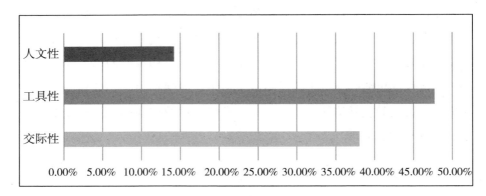

图 3-5　出海员工所需语言能力：汇总分析

技术指导和项目管理不同的是，这些外派的专业技术人员与管理人员必须具备较强的工具性语言能力和交际性语言能力，同时有较强的跨文化交际意识与能力，能够理解文化差异带来的工作、生活方式上的差别，能够较好地处理由于语言不同、文化差异带来的冲突与矛盾，确保项目的顺利进行。

（三）比较分析

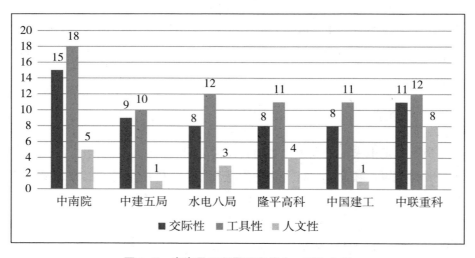

图 3-6　出海员工所需语言能力：对比分析

对六家企业员工所需的语言能力种类进行对比可以发现，出海企业对工具性语言能力的要求最高，其次为交际性语言能力，两者相差并不太大，说明用语言进行日常交流与工作交流相对同等重要。差异较大的是人文性语言能力，中联重工对深层次的跨文化交际语言能力的需要占到了53.3%，而最少的是中国建工（8%）与中建五局（10%），这与公司的"走出去"倡议实施目标以及业务范围息息相关。中国建工集团与中建五局的海外业务重点在于工程、建筑，业务所在国以亚洲、非洲为主，且大多在偏远的地区，单个项目持续时间较长，工作环境较为单一，工作所需工具性语言为主。与此相对应的是以中联重科为代表的生产销售型龙头企业，全球布点，投资形式日渐灵活，由新建企业、合资企业为主发展到跨国并购、独资、增资扩股、倡议联盟等多种投资方式；产业组织从单个项目投资逐渐转向产业链投资，不仅在海外建立了加工企业，还形成了生产加工、进出口、销售和售后服务等各环节一体化的产业链。中联重科在世界工程机械排位前3，积极响应国家"一带一路"倡议先行一步，产品已出口到"一带一路"的48个国家，目前在42个国家中有一级经销商80个，另有17个备件中心和16个办事处，并建有4个KD工厂，出口金额达到9.8亿美元。基于强大的国际竞争形势，今年下半年中联重科推出了以教授操作、问询施工及机器购买和各种服务反馈为核心的"一送、二查、三教、四问、五反馈"标准化服务作业，但这一深耕细作式的工作面临的最大障碍不是技术支撑问题，而是语言交流问题，能否建立起有长期国际竞争力的销售和服务体系，从某种意义上可以说是企业的语言能力问题，这是企业家们始料不及的。随着产业链日趋成熟，中联重科的发展重点在于后服务链，在于贸易与开拓市场，与驻地国政府、企业高层、行业的高层次交流较多，因此对于深层次的跨文化交际语言能力需求较大。

二、存在语言障碍的工作领域

(一)数据归纳

表 3-4　存在语言障碍的工作领域：数据归纳

领域	中南院	中建五局	水电八局	隆平高科	中国建工	中联重科	合计	百分比
日常交流	3	4	1	2	1	1	12	7.64%
技术交流	10	8	6	7	11	8	50	31.85%
商务谈判	17	10	10	9	8	7	61	38.85%
管理	2	2	4	4	2	1	15	9.55%
跨文化交际	2	1	4	4	0	8	19	12.10%
总计	34	25	25	26	22	25	157	100%

海外工作语言的重要性毋庸置疑，那么究竟哪些方面存在语言沟通的障碍呢？本题旨在了解出海企业语言应用能力方面的问题，为人才培养及在职语言能力提升提供有参考意义的建议。题项包含了海外工作语言应用的主要范围：日常交流、技术交流、商务谈判、管理、跨文化交际及其他。

(二)汇总分析

汇总的统计数据显示，存在最多语言障碍的工作领域是"商务谈判"，占比高达 38.85%；其次为"技术交流"，占比 31.85%；其后依次为跨文化交际（12.10%）、管理（9.55%）与日常交流（7.64%），这与访谈结果一致。访谈中，各海外公司负责人都认为目前语言能力最为不足、也是最难在短时期内提升的工作领域就是商务谈判。由于选派的人员大多具有大学英语四级以上水平，在语言环境下一般半年左右就能克服日常交流中的障碍。技术交流相对比较单纯，通过自学或储备专业技术词汇与短语，

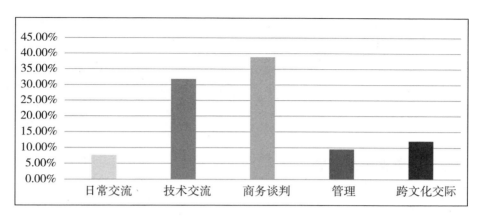

图 3-7 存在语言障碍的工作领域：汇总分析

勤奋努力再加上谨慎小心的话基本问题不大。管理一般只需同属地国的工头交流，再由他们传达给施工人员，障碍比较好排除。跨文化交际方面，本着尊重属地国文化的出发点，尽量调整自己以适应环境。而商务谈判则是短兵相见，既要维护自身利益，又要努力达成协议，融合了技术、管理、跨文化交际技巧、语言、经贸、法律等多种知识与技能，对人员素质要求极高，也是海外公司最求贤似渴的人才领域。

（三）比较分析

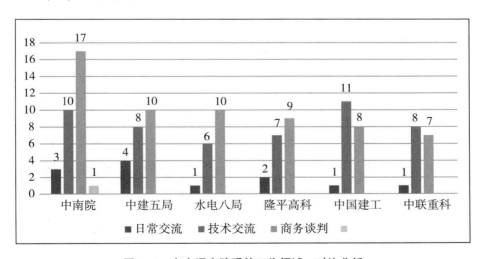

图 3-8 存在语言障碍的工作领域：对比分析

通过对六家企业存在语言障碍的工作领域进行对比分析，不难发现"商务谈判"与"技术交流"的占比均最高，具体到企业，中南院、中建五局、水电八局、隆平高科这四家出海企业都认为最需要改进语言能力的应用领域在商务谈判，而中国建工与中联重科对于技术交流方面的语言需求稍微强烈些。

三、语言交际方式

（一）数据归纳

表 3-5　语言交际方式：数据归纳

常用方式	中南院	中建五局	水电八局	隆平高科	中国建工	中联重科	合计	百分比
翻译协助	15	9	7	10	7	5	53	48.18%
中方说外语	9	5	8	4	6	9	41	37.27%
外方说中文	1	1	1	0	1	1	5	4.55%
手机 App	0	4	2	0	1	4	11	10.00%
总计	25	19	18	14	15	19	110	100%

本题旨在通过了解员工在海外工作时采用的语言交际方式，为改进语言服务提供依据。本题设置了四个题项，将语言交际的方式分为"翻译协助""自己说属地外语""外方说中文"以及"使用手机翻译 App"。

（二）汇总分析

统计数据显示，员工所使用的语言交际方式主要还是通过"翻译协助"，占比高达 48.18%，这说明所选派的员工尽管都有一定外语基础，但在口语交际、工作交流中的能力仍然比较薄弱。如随着中老两国经贸合作不断加强，老挝国内出现了学习汉语的热潮但学成的人并不多；同时由于老挝语是特殊语种，中方熟练掌握的人不多，在投资贸易的交流合作中因语言不通或不准确，同很多商机失之交臂，一个好的老挝语翻译很重要。

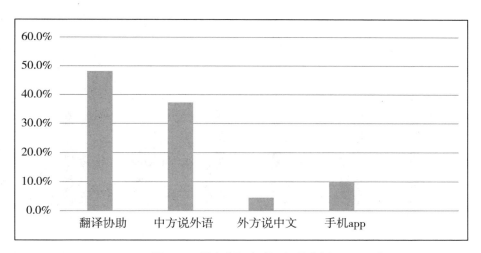

图 3-9　语言交际方式：汇总分析

　　如果不通过翻译直接与对方交际，究竟是用中文更多还是对方语言更多呢？数据显示"中方说外语"的比例（37.27%）远远超过"外方说中文"的比例（4.55%），这一方面显示了中方积极融入属地国语言文化所做出的努力，另一方面说明汉语国际教育还大有可为；"使用手机 App"进行语言交际的比例为 10%，随着人工智能翻译软件的开发，使用 App 成为一种新的高科技语言交际方式。通过访谈得知，App 软件的语种目前还不多，仍以英语为主，因此在英语为官方语言的国家，用 App 进行日常交际效果不错，但涉及较为专业的词汇则大打折扣。尤其小语种的翻译语料十分缺乏，有些地方语尚未被开发，有些属地国的员工发音不太标准，这些都影响了翻译类 App 的普及。

（三）比较分析

　　通过六家企业出海语言交际方式对比分析，可看出企业之间的微弱区别。水电八局通过"中方说外语"进行语言交际的比例最高，占比72.7%；其次为中联重科，占比 60%。这两家企业"中方说外语"比例均超过"翻译协助"，说明在非翻译岗的员工语言能力已能独当一面，人才储备效果明显。关于手机 App 的使用，使用手机 App 进行语言交际比例最

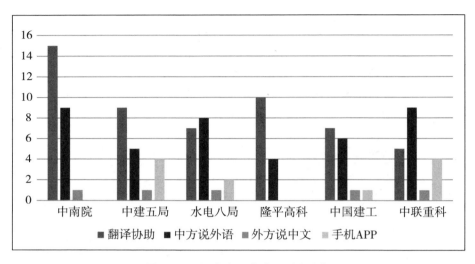

图 3-10　语言交际方式：对比分析

高的是中建五局（40%），其次是中联重科（26.6%），这两家企业的业务主要在建造与制造，而且随着"一带一路"的深耕，市场开发的力度很大，每年都有大规模的校招，年轻人较多，对手机 App 的使用较为熟练。值得注意的是中南院与隆平高科这两家企业没有一位受访者选择使用"手机 App"进行语言交际。带着疑问，研究者做了进一步访谈，中南院不太使用手机 App 的主要原因有：一是配备有翻译科，每年都根据项目国别的需要引进语言人才，人才储备力量较强；二是中南院重视语言培训，专业技术与管理人员在语言方面的提升很快；三是中南院的水电工程项目一般都位于东南亚的偏远山区，手机信号不好，导致 App 无法使用。隆平高科外派员工使用 App 翻译软件较少的原因之一也是网络问题，由于隆平高科的种业、农科技术交流国家大多为的非洲、东帝汶、泰国、柬埔寨等不发达国家，网络不稳定；此外，隆平高科外派的专家是有丰富经验的农业专家，年龄较大，不太习惯于用手机 App 翻译软件。

四、翻译人员来源

（一）数据归纳

表 3-6　翻译来源：数据归纳

来源	中南院	中建五局	水电八局	隆平高科	中国建工	中联重科	合计	百分比
设置翻译专岗	11	9	7	9	8	4	48	37.50%
专技管理人员兼任	14	3	7	3	4	7	38	29.69%
聘请驻地华人	10	0	4	2	4	4	24	18.75%
聘请驻地中国通	3	2	1	0	2	0	8	6.25%
聘请在华留学生	2	1	2	1	0	0	4	3.13%
语言服务公司	0	1	0	1	3	1	6	4.69%
总计	40	16	19	16	21	16	128	100.00%

根据上题所显示的调查结果，翻译目前仍然是出海企业语言交际不可或缺的重要人才。本题旨在了解在海外工作所需的翻译来源，设计了六个题项，分别是：本公司专岗翻译、本公司专技或管理人员兼任、驻地聘请当地华人、驻地聘请当地中国通、在中国聘请的在华留学生以及语言服务公司。

（二）汇总分析

统计数据显示，以上六家企业翻译主要来自公司所设置的翻译专岗人员，占比 37.5%；其次，由本公司专技管理人员兼任，占比 29.69%；出海企业驻地华人也是翻译的重要来源，占比 18.75%；其余来源包括驻地国精通汉语的"中国通"（6.25%）、语言服务公司（4.69%）以及在华留学生（3.13%）。从数据可看出尽管翻译的来源较为广泛，但主要来自本公司的翻译专职人员以及专业技术人员。根据访谈得知，六家企业在组建

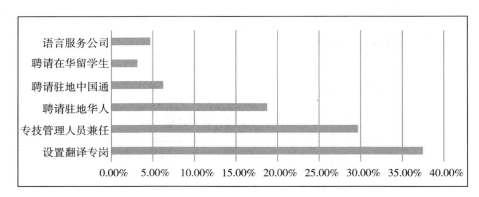

图 3-11　翻译来源：汇总分析

项目组时都会配备一定比例的翻译，翻译除了在生活、工作中协助专技管理岗员工尽快适应工作环境的同时，也担任了外联、开拓市场、撰写文书、对内组织语言培训等多项职责，是企业出海非常重要的人员。各公司在"走出去"之初，对翻译尤其英语翻译的需求较大；随着海外业务的日渐成熟，以及专技管理人员十几年的海外锻炼与学习，对英语的需求逐年下降。与此相对应的是，随着"一带一路"业务向纵深发展，出海企业对小语种人才的需求开始增加。

（三）比较分析

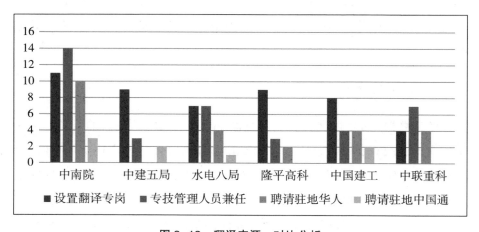

图 3-12　翻译来源：对比分析

　　对六家出海企业翻译来源进行对比分析，结合各企业的"走出去"实施历史与业务特征，可看出翻译来源存在差别。中建五局与隆平高科设置翻译专岗的比例最高，均为56%。经访谈得知，中建五局海外事业部对法语专业的人才需求很大，一进来就马上派出去。中南院专门设立了翻译科，并根据项目国别，每年都会选拔少量西班牙语、阿拉伯语、俄语等小语种的人才进行储备。中国建工集团海外公司目前80多人中有着出国留学经历，语言专业的英、法翻译人才有20多人。对于小语种，各企业都谈到尽管需求很大，却很难招到合适人才。一方面是由于开设小语种的学校本就少，毕业生数量不足；其次，海外项目至少三五年，小语种专业的学生很难待得住；此外，由于专业技术性强，语言文学出身的毕业生并不具备企业海外业务交流的能力。因此，各企业更倾向于招收专业对口的优秀毕业生，尤其来自985、211学校的学生，因为这些学生普遍具有较扎实的英语基础，在海外工作环境中自学能力强，成长很快。如中建五局常年招聘归国留学生以及来华留学生，尤其土木、金融、工商管理、市场营销等专业优先。这些专业的毕业生一般在经过半年的适应期后，都能很快地适应海外工作环境，在工作中锻炼成长，发挥重要作用。隆平高科出于传播农业技术的目的，翻译一般来自农业专业的学生，这些学生有农科方面的专业基础，再加上在校2年的专业英语学习，在海外工作时上手很快。

第三节　出海企业语种需求

一、中方员工需掌握的语种

（一）数据归纳

　　据《"一带一路"沿线国家语言情况研究（2017）》统计，"一带一路"沿线64个国家使用的语言约2488种，占人类语言总数的1/3以上。

境内语言在 100 种以上的国家就有 8 个。语言种类十分庞杂，为了使研究更有针对性与可行性，问卷以有代表性的出海企业为突破口，了解所需的语言种类。从出海企业员工所需的语种来看，一般可分为通用语（英语）、小语种与中文。因此，本题设计了"英语""属地官方语""属地地方语""中文"四个题项。

表 3-7　中方员工需掌握的语种：数据归纳

语种	中南院	中建五局	水电八局	隆平高科	中国建工	中联重科	合计	百分比
英语	18	8	11	11	12	13	73	63.48%
属地官方语言	3	8	3	2	5	5	26	22.61%
属地地方语言	2	3	1	0	0	4	10	8.70%
中文	1	1	1	0	1	2	6	5.22%
总计	24	20	16	13	18	24	115	100%

（二）汇总分析

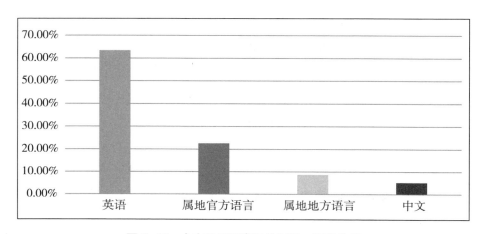

图 3-13　中方员工需掌握的语种：汇总分析

统计数据显示，英语作为世界通用语，以 63.48% 的比例位列出海企业中方员工所需掌握的语种首位，其次为属地官方语言（22.61%）与属地地方语言（8.70%）。这与零点调查的结果不谋而合，在"一带一路"沿线国家中，各国官方语言和通用语言共计57种；既不通用英语，也不通用俄语或阿拉伯语的国家达到24个。除了英语之外的小语种需求与目前国内高级外语人才的培养之间的缺口较大。

（三）比较分析

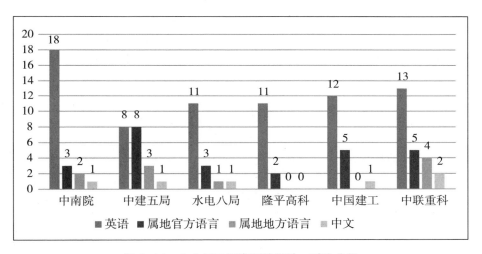

图3-14 中方员工需掌握的语种：对比分析

在现有语言体系中，除各国通用语或民族共同语之外，在"一带一路"沿线主要语言中，俄语是中亚的区域通用语，阿拉伯语在中东和北非地区是跨区域通用语，法语在西非和北非等地是实际上的跨区域通用语，而英语作为国际通用语，不仅在东南亚具有绝对影响力，在中亚的影响力也在稳步提升。值得注意的是，英语在国际金融、世界贸易、科学研究和高等教育等领域都占有绝对主导地位，这一局面暂时无法改变，因此，英语对海外工作的重要性显而易见。从六家企业员工所选择的必需语种进行对比可以发现，英语都占绝对优势。说明英语作为世界通用语的作用从目前来说无可撼动。如据中南院海外公司负责人介绍，中南院的海外市场开拓仍以英语为主，但实际工程的实施也需要小语种，因此需要多样化的小语种人员服务于项目并落地生根。值得一提的是中建五局，选择属地官方语言与英语的人数一样。海外公司负责人告知笔者，2003 年，处于"极度困难时期"的中建五局跟随中建总公司进入北非阿尔及利亚市场，以承接小体量的住宅类房建项目入手，逐渐站稳脚跟，随后进入中西非刚果市场，承建了许多公路工程项目，开始了海外基础设施项目建设。《湖南省对接"一带一路"倡议行动方案（2015—2017 年）项目清单》显示，中建五局的业务主要在阿尔及利亚、刚果等非洲国家，这些国家由于历史原因，法语作为其官方语言的地位非常牢固。因此，随着"一带一路"建设的深入，中建五局的海外业务要求大量精通法语的专业技术人员，多年来十分重视法语人才的引进与储备。

二、外籍员工需掌握的语种

（一）数据归纳

表 3-8　外籍员工需掌握的语种：数据归纳

语种	中南院	中建五局	水电八局	隆平高科	中国建工	中联重科	合计	百分比
英语	6	4	11	11	12	12	56	46.67%
属地官方语言	13	5	2	3	4	6	33	27.50%
属地地方语言	3	1	0	1	2	2	9	7.50%
中文	8	4	1	1	3	5	22	18.33%
总计	30	14	14	16	21	25	120	100%

设施联通是建设"一带一路"的基础性工程。在产能合作模式下的中国企业利用自身的技术装备和融资的优势积极开展国际项目。本题旨在了解出海企业对属地国员工的语言要求，设计了"英语""属地官方语言""地方性语言""中文"四个题项。

（二）汇总分析

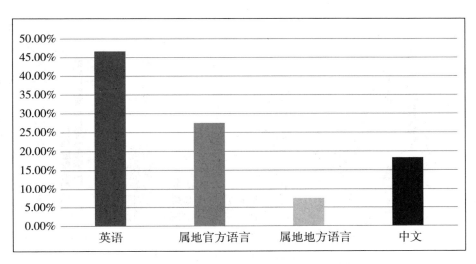

图3-15 外籍员工需掌握的语种：汇总分析

汇总数据显示，对所聘用的属地国员工，这六家出海企业的语言要求仍以英语为主，占比46.67%，其次为属地官方语言（27.50%），这一方面说明英语作为世界通用语在全球广为普及，仍是目前各国商贸科技交流的主要语言；另一方面说明在全球化时代背景下，中国企业奋力迎接语言与文化等多方面的挑战，积极融入属地国，主动适应当地语言与文化。

此外，值得关注的是，六家企业对聘用的外籍员工有中文要求的达到18.33%，而且这一趋势还在持续增长中。访谈得知，许多国家对外国企业基本的用工政策是要求企业聘用80%当地员工，以促进当地的就业。据最新资料显示，中国同"一带一路"沿线17个国家共同建设了46个境外合作区，为当地创造了6万多个就业岗位。这就意味着至少需要6万名懂简单汉语和工程术语的当地员工，他们属于普及型汉语人才。

（三）对比分析

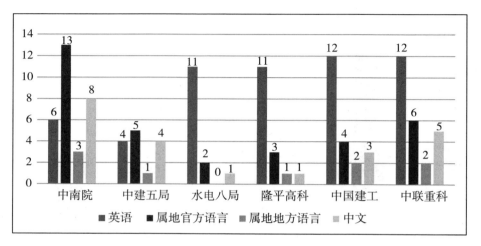

图 3-16   外籍员工需掌握的语种：对比分析

通过六家企业对外籍员工要求的必需语种进行对比可以发现，尽管英语作为世界通用语、仍是大多数出海企业员工与外籍员工交流的主要语言，不同企业对外籍员工的工作用语要求呈现出多样化特征，而且出现了初通汉语的普及型人才需求量逐年增长这一趋势。水电八局、隆平高科、中国建工、中联重科对外籍员工的语言要求以英文为主、属地国官方语言次之，这与公司全球布局的"走出去"倡议相吻合。中南院与中建五局对外籍员工的语言要求以属地国官方语言为主、英语次之，这跟访谈中了解到的公司业务范围有关——中南院以亚洲为主、中建五局非洲为主，而且这两家公司坚持"属地化"管理理念，为融入当地语言与文化习俗做出了很多努力。此外，中南院对外籍员工掌握中文的要求是六家公司中最高的，这与该公司业务所在的东南亚、中亚的地理位置与文化氛围有关。这些国家大都与中国毗邻，与中国的商贸交流历史悠久，受中国文化影响较大，孔子学院布点多，因此外籍员工对中文的接受度较好，在工作中用中文交流较为顺畅。

三、对新聘翻译的语种要求

(一) 数据归纳

表 3-9　对新聘翻译的语种要求：数据归纳

语种	中南院	中建五局	水电八局	隆平高科	中国建工	中联重科	合计	百分比
英语	17	8	8	11	11	15	70	34.15%
法语	12	10	2	6	9	7	46	22.44%
西班牙语	19	1	11	0	3	7	41	20.00%
阿拉伯语	6	1	3	1	0	4	15	7.32%
葡萄牙语	2	0	2	4	1	5	14	6.83%
俄语	5	0	0	0	0	7	12	5.85%
其他	6	0	1	0	0	0	7	3.41%
总计	67	20	27	22	24	45	205	100%

　　翻译作为企业出海不可或缺的人员配备，一直以来在"走出去"业务中发挥着重要作用。尤其"一带一路"覆盖的国家与地区多，语种复杂，因此有必要调查除了英语之外，出海企业对其他语种外语专业人才的需求情况。在对调研企业做了前期资料查询的基础上，本题设计了 7 个题项，分别是：英语、法语、俄语、西班牙语、葡萄牙语、阿拉伯语、其他。

(二) 汇总分析

　　从调查的六家企业汇总的数据来看，对翻译的语种需求依次为：英语、法语、西班牙语、阿拉伯语、葡萄牙语、俄语。在"其他"项，参与调查的人员根据企业的海外业务区域罗列了诸如印尼语、泰语等小语种，多以中南亚语种为主。

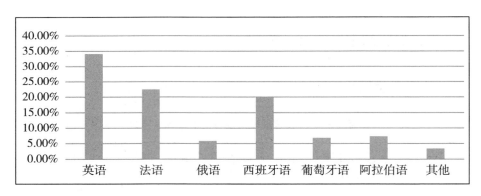

图 3-17 对新聘翻译的语种要求：汇总分析

（三）对比分析

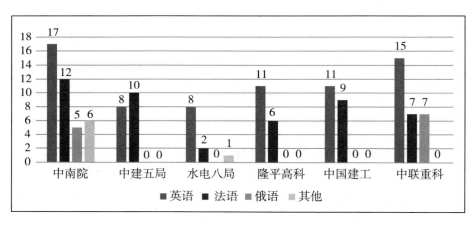

图 3-18 对新聘翻译的语种要求：对比分析

六家企业对新聘翻译语种的要求有共同性，即以英语与法语为主。除了以非洲为"走出去"主要市场的中建五局对法语的需求量最大之外，其他五家企业仍对英语翻译有着持续不断的需求，但对翻译的质量并不认可。访谈中六家企业都谈到了对精通专业技术与英语的高水平翻译的渴望。如中建五局在人才招聘要求上明确指出：本科以上法语专业，并从事过建筑类工程翻译两年以上（翻译水平高的可放宽学历、专业限制）。

第四节　选派员工出海的语言要求

一、选派员工出海对英语的要求

（一）数据归纳

表 3-10　选派员工出海对英语的要求：数据归纳

语言水平	中南院	中建五局	水电八局	隆平高科	中国建工	中联重科	合计	百分比
初级（3级）	1	0	0	1	1	0	3	3.75%
中级（4级）	10	4	6	5	8	7	40	50.00%
高级（6级）	6	2	1	5	2	3	19	23.75%
不做硬性要求	3	4	4	1	1	5	18	22.50%
总计	20	10	11	12	12	15	80	100%

　　根据访谈得知，出海企业常以项目组为单位派驻员工到海外各属地国，每一项目组一般会派 2 到 3 名翻译随行，但由于工作任务繁杂，对内需要跟属地国员工进行技术与管理方面的翻译，对外需跟政府、主管部门、行业等方方面面进行外联，仅靠翻译难以满足语言交流的需求。因此研究者想了解企业在派遣非翻译岗的员工到海外工作时，是否会有语言上的要求。鉴于我国目前中小学的外语教育仍以英语为主，高校非外语专业的学生也以英语为主要外语，针对此情况，本题旨在调查六家企业派驻非翻译岗的员工出海工作时，对世界通用语英语的要求，设计了"初级（或大学英语 3 级）""中级（或大学英语 4 级）""高级（或大学英语 6 级）""不做硬性要求"这四个题项。

（二）汇总分析

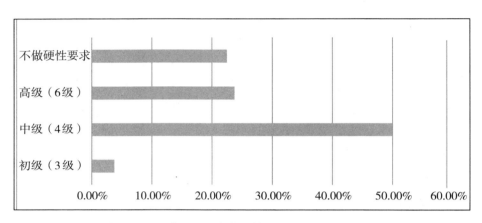

图3-19　选派员工出海对英语的要求：汇总分析

统计数据显示，出海企业在选派员工出国工作时，对英文水平有要求的占到77.5%，其中要求具有大学英语4级水平的比例为50%，需要6级水平的为23.75%，需要3级的仅为3.75%。大学英语四六级为一般本科院校对非英语专业学生的水平要求，3级为高职层次的公共英语过级要求，对英语不做硬性要求的为22.5%。这与这六家企业外派的人员结构有关。被派驻到各个工地的项目组成员以工程类的专业技术人员为主，一般要求本科学历以上，所以大学英语四六级是基本条件。

（三）比较分析

六家企业选派员工出海方面对英语的要求基本一致，即需具备大学英语四级及以上水平。其中，中国建工对四级的要求占比最高，达到66.6%；对六级要求占比最多的是隆平高科，41.6%；不做硬性要求是中建五局，占比40%。

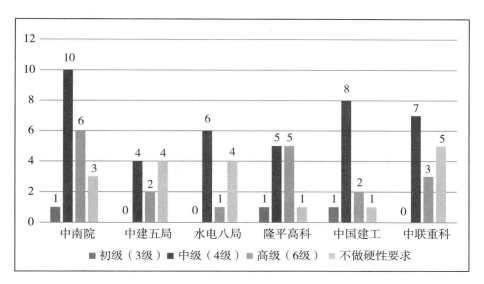

图 3-20　选派员工出海对英语的要求：对比分析

二、对新聘出海员工英语的要求

（一）数据归纳

表 3-11　新聘出海员工英语的要求：数据归纳

语种	中南院	中建五局	水电八局	隆平高科	中国建工	中联重科	合计	百分比
初级（3级）	0	0	0	1	0	1	2	2.50%
中级（4级）	2	5	5	5	5	4	26	32.50%
高级（6级）	16	2	3	6	6	6	39	48.75%
不做硬性要求	2	3	3	0	1	4	13	16.25%
总计	20	10	11	12	12	15	80	100%

随着"一带一路"业务迅猛发展，出海企业对外派员工的语言要求是否水涨船高呢？本题意在与上题进行比较，了解出海企业对新聘员工英语的要求，设置了与上题同样的四个题项："初级""中级""高级"与"不

做硬性要求"。

（二）汇总分析

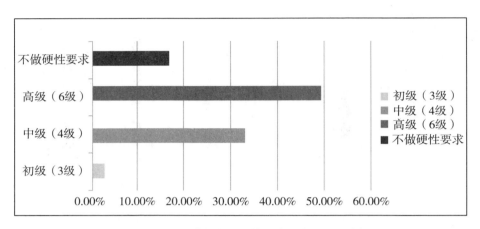

图 3-21 对新聘出海员工英语的要求：汇总分析

统计数据显示，企业在新聘员工出国工作时，对英文水平有要求的占到 83.75%，比上题增加了 6.25%。其中对六级要求的比例最高，达到 48.75%；其次为四级，为 32.5%；要求达到三级的占比 2.5%；不做硬性要求的为 16.25%。与上题进行比较，可以发现这六家企业都提高了对新聘员工的英语水平要求。其中对大学英语六级的要求从之前的 23.75% 提升到了 48.75%，增加了整整 25 个百分比。"不做硬性要求"比上一题下降了 6.25 个百分比。六家企业对新聘出海员工英语的要求整体都有提升，尤其对高层次专业技术与管理人员的英语要求更高了，反映了企业在"走出去"过程中越来越认识到语言的重要性，并把语言能力作为选拔派驻海外人员的重要指标。如水电八局在招聘时有明显要求，核心人员必须由兼具专业技术与英语能力的人担任。中国建工在组建外派项目组时，除非急需的岗位适当放宽要求之外，均要求达到大学英语四级以上水平。

（三）比较分析

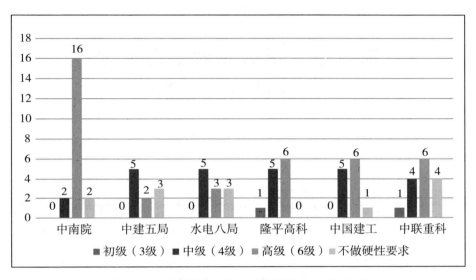

图 3-22　对新聘出海员工英语的要求：对比分析

对新聘出海员工英语水平要求提升最多的是中南院，对六级的要求从原来的 30% 增加到现在的 80%。经过深入访谈了解到中南院在"走出去"之初，员工英语水平普遍较低，因此每个项目组均配备了翻译。近年来随着人员年轻化，中南院在人才引进时强调专业技术人员必须具备良好的外语基础。隆平高科由于其种植与种业技术交流的特殊性，要求所外派的农科专家必须能够用英语进行技术交流，因此对英语均有四级或六级的要求。中联重科、中建五局与水电八局近年在外派与招聘员工时对英语不做硬性要求的比例较另外三家企业要高，这似乎与"走出去"倡议的实施不太符合，经访谈了解到这应该与企业的人才培养与晋升机制有关。以中联重科为例，语言要求是职业晋升的重要通道，其人才储备分为工程师与技师两种类型，工程师必须具备英语授课能力与沟通能力，也只有工程师达到某个级别后才能升做管理层。正因为如何，这些企业对于外派员工并无想象中那么严格的语言要求，这并不是这些企业不重视英语能力，而是在其职业生涯规划中，英语早就作为人才的必备能力内化了。

第四章　出海企业语言人才
培训调研与分析

　　"一带一路"需要语言铺路，"一带一路"事业的推进离不开语言服务这个"基础保障"。本研究的核心在于需求调查与分析，调查内容聚焦于语言能力的需求与供给两端。第三章从需求端深入了解出海企业对语言能力的需求，而第四章则聚集供给端，了解企业、政府职能部门在满足企业"走出去"语言能力供给方面所做的培训与服务，并收集员工针对如何提升出海企业语言能力提出的语言培训与语言人才培养建议。

　　本章基于《湖南出海企业语言能力需求调研》的12—20题，调研出海企业为了满足"走出去"业务、在提升员工语言能力方面所采取的措施与提供的培训。在岗的语言能力提升可通过自学、单位组织等途径进行；在校的语言能力提升则关涉人才培养计划、专业开设、课程设置、实习实训等方面；培训的组织部门、方式、内容、时间各具特色。只有充分了解以上信息，才能为政策决策、企业培训与高校人才培养等提供合理建议。由于企业业务范围以及"一带一路"进程的差异性，因此这9道题目均为多选题。

　　本章通过对《湖南出海企业语言能力需求调研》的第三部分数据进行归纳、对比与分析，为研究提供量化依据；并通过归纳访谈内容，为研究提供质性的定性分析。此外，本章通过补充所收集的文本与案例，为研究提供更为具体的案例分析。本章由四节构成，分别对"出海企业员工语言学习意愿""出海企业语言培训组织""出海业务培训机制""高等教育语言人才培养"进行数据统计、对比与分析。

第一节　出海企业员工对语言培训的态度与评价

一、出海企业员工对语言培训的态度

（一）数据归纳

表 4-1　希望本系统职能部门组织语言培训：数据归纳

意愿	中南院	中建五局	水电八局	隆平高科	建工集团	中联重科	合计	百分比
希望	17	9	11	11	11	15	74	92.50%
不希望	1	1	0	0	0	0	2	2.50%
不知道	2	0	0	1	1	0	4	5.00%
总计	20	10	11	12	12	15	80	100%

本题旨在了解出海企业员工对语言培训的态度，即是否希望相关职能部门组织语言培训。本题属于情感态度题，设置了"希望""不希望""不知道"三个题项。

（二）汇总分析

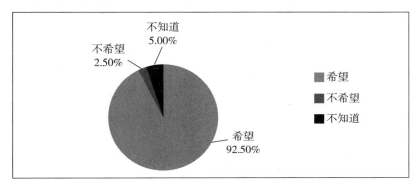

图 4-1　希望本系统职能 部门组织语言培训

从调查的结果看，92.5%的员工都"希望参加职能部门组织的语言培训"，这反映出海企业的员工在工作实践中深刻地感受到语言能力的重要性以及自己语言能力的不足，因此迫切希望能通过在岗学习来提升语言能力。在访谈中，所有的员工都表达了渴望进一步提升自身语言能力的强烈意愿，并与笔者分享了他们在职学习英语的经历，如中南院电力机电设备成套有限公司总经理张雷虽然工作繁忙，但一直勤学不怠，随身携带词汇表，里面都是他在工作中需要用到的重要词汇与句型，一有空闲就拿出来诵记。"年纪大了，记性没那么好，要经常复习才行!"在家休息时，也跟着孩子一起练听力、磨耳朵，保持语言学习的良好状态。中南院的触角已延伸至36个国家，其中17个为核心深耕国家。已在越南、泰国、老挝、印度尼西亚等10多个"一带一路"沿线国家成功执行和完成了包括设计、咨询、机电设备成套、工程总承包、援外管理等多个项目。张总是电子工程本科毕业，经常到越南、泰国的水电工程工地指导工作。他坦言，经过多年的学习与钻研，专业技术方面的语言交流已没有大的问题，但在商务谈判时仍感到力不从心，反应慢，很多想深入交流的地方表达不出来。随行翻译如果没经过几年的锻炼与自我提升，对专业方面的表达也难堪大任。

（三）比较分析

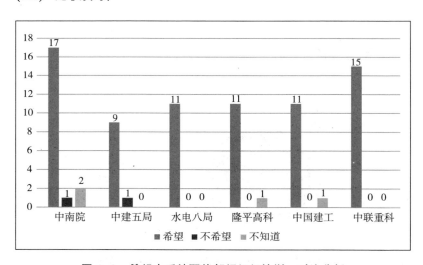

图 4-2　希望本系统职能部门组织培训：对比分析

如上表所示，六家出海企业员工参加语言培训的意愿都非常强烈。由于在职学习的时间与精力有限，因此迫切希望本系统相关职能部门能组织培训。在访谈中，员工表示本系统组织的培训在内容上会更有针对性，而且在时间安排上也能更好地与工作兼顾。此外，由于可以跟同事一起共同学习，方便交流互动，互相激励，因而能取得更好的学习效果。

二、出海企业员工语言培训现状评价

（一）数据归纳

表4-2　出海企业员工语言培训现状评价：数据归纳

现状评价	中南院	中建五局	水电八局	隆平高科	建工集团	中联重科	合计	百分比
有必要且非常有效	6	3	5	6	3	4	27	33.75%
有必要且比较有效	4	4	6	4	7	7	32	40.00%
有必要但组织不得力	9	3	0	2	2	4	20	25.00%
没必要	1	0	0	0	0	0	1	1.25%
总计	20	10	11	12	12	15	80	100%

根据表3-1和表4-1所示，从重要性上，出海企业认为员工的语言能力"很重要"（98.75%）；从学习意愿上，92.5%的员工都"希望参加职能部门组织的语言培训"，那么员工对企业所组织的语言培训评价如何呢？本题旨在了解员工对企业组织语言培训的必要性认识与有效性评价，设计了4个题项，分别为："有必要且非常有效""有必要且比较有效""有必要但组织不得力""没必要"，此题为单选题，共收回80份有效问卷。

（二）汇总分析

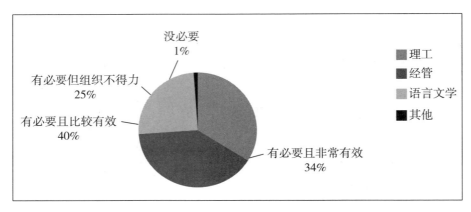

图 4-3　出海企业员工语言培训现状评价：汇总分析

统计结果显示，从必要性来说，只有 1.25% 的员工，即 80 人之中只有 1 人认为没必要针对出海企业员工组织语言培训。其余 79 人都认同语言培训的必要性。从有效性看，33.75% 认为"非常有效"，40% 认为"比较有效"，25% 认为"组织不得力"，即效果不佳。从比例上分析，74% 的员工对企业组织的语言培训效果是认同的。

（三）比较分析

图 4-4 展示了六家不同企业的员工对语言培训评价的差异。水电八局对语言培训的评价最高，认为"非常有效"与"比较有效"的为 100%，其次是建工集团与隆平高科，积极性评价占比 83%；随后是中联重科 73%；中建五局认为培训有效的为 70%。认为培训"组织不得力"比例最高的为中南院，占比 45%，还有唯一一位认为"培训没必要"的员工也来自中南院。访谈中，笔者与员工对培训效果不理想的影响因素进行了交流，他们大多认同公司在提升员工语言能力发展做出的努力，但现实影响因素主要有：工作繁忙，由于工作性质原因，无法脱产学习；二是培训内容不是很切合工作所需；三是培训老师本身缺乏企业、行业工作经历，使得培训效果不佳。

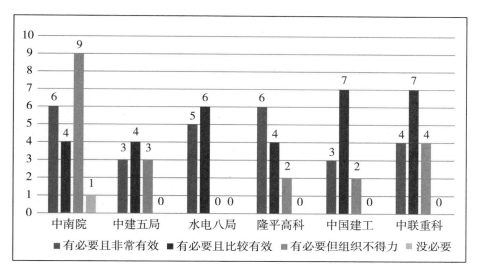

图4-4　出海企业语言培训现状评价：对比分析

综合来看，隆平高科对语言培训的效果评价最为积极，认为培训"非常有效"占比50%、"比较有效"33%，是六家企业中对语言培训评价最高的企业。在访谈中，业务部的邹经理以极大的热情介绍了2012年及2013年公司组织的管理层强制性语言培训，培训由湖南省商务机电学院承担，培训管理非常严格，要求考试合格，学习成果直接跟晋升提薪有关，最终那几年参加培训的员工英语水平都有很大提高，而且受益于此，在随后"一带一路"业务中大展身手，一大批英语水平高的员工晋升为管理层。而后，随着海外项目的蓬勃发展，公司对引进人才在英语上的要求逐年提升，因此这几年都未再次组织大型的语言培训。邹经理是2013年之后才来到隆平高科，因此在言语中颇为羡慕，认为自己错过了提升语言能力的绝好机会。

第二节 出海企业语言培训的组织

一、语言培训的组织形式

(一)数据归纳

表 4-3 员工接受语言培训的方式：数据归纳

提升方式	中南院	中建五局	水电八局	隆平高科	建工集团	中联重科	合计	百分比
公司内部培训	10	9	7	5	7	10	48	33.33%
高校或机构培训	3	1	2	0	1	0	7	4.86%
送到驻地学习	2	1	2	0	5	0	10	6.94%
职能部门培训	5	1	4	5	3	5	23	15.97%
自主学习	18	7	8	6	6	12	49	34.03%
其他	6	0	0	0	1	0	7	4.86%
总计	44	19	15	16	23	27	144	100.00%

本题旨在了解出海企业的员工通过哪些培训方式来提升语言能力，设计了"公司组织内部培训""公司送员工到国内高校或培训机构学习""公司送员工到驻地国学习""公司送员工参加相关职能部门组织培训""员工自主学习""其他"这六个题项。

（二）汇总分析

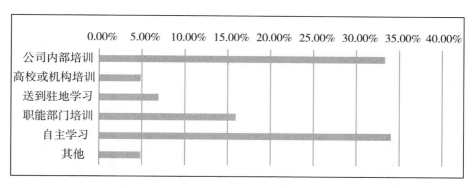

图 4-5 员工接受语言培训的方式：汇总分析

如图 4-5 所示，出海企业员工接受语言培训最常见的方式为：自主学习（占比 34.03%）与公司组织的内部培训（33.33%），这也是在职员工最普遍的继续教育方式。在采访中，中建五局海外公司的龚经理详细地介绍了公司在组织员工提升语言能力方面所采取的措施，除了将学习成果与薪级挂钩之外，还专门设立了甲乙丙 3 个等级的奖励，按照一定比例给学习成果突出的员工分别给予每月 2000 元、1000 元、600 元的学习补助。学习成果包括在当地组织的语言考试中取得一定成绩或者通过公司组织的内部测试。据海外公司总助段经理介绍，中联重科在激励员工提升语言能力方面多管齐下、效果明显：一是请师资，每年都组织英语培训，聘请经贸、市场营销等专业的大学教授来企业进行双语授课；二是给机会，积极为员工提供外出学习的机会；三是给经费，员工拿在培训机构学习的凭证、手机 App 学习软件的截图、参加外语测试的报名截图等，报名费书费学费全部报销；四是涨工资，在薪水设计上将外语学习成果计入个人能力系数，两年更新一次，直接与薪水奖金挂钩。其他公司也采取了类似的"请进来、走出去"的措施，帮助员工学习提升。在各种政策的激励与要求下，员工积极参加培训、自主奋发学习，在工作生活中积极主动地与当地人交流，语言水平得到快速提升。

（三）比较分析

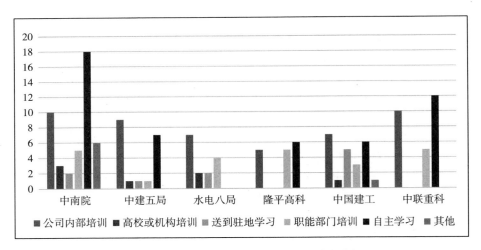

图 4-6　员工接受语言培训的方式：对比分析

六家企业在语言培训方式上的差别较大，"自主学习"占比最高的是中南院（80%）与中联重科（80%），这与访谈中所了解到的情况吻合，这两家企业在激励员工自主学习方面政策充分、措施有效。从上到下、从管理层到员工，整个公司都形成了良性的学习氛围，如中南院的张总单词笔记随身带，走到哪学到哪，还经常组织项目组的同事一起学习研讨，英语能力与业务水平同时增长，基本上可以做到与属地国员工自由交流。"公司内部培训"组织力度最大的是中建五局与中联重科，占比 90%。除了在出行前组织脱产培训之外，项目组到达驻地国之后，领队组织员工利用业余时间进行专业法语培训，由随行的翻译或者在当地聘请外教来担任指导老师，每周 3 次，一般为周一三五或二四六的晚上，每次两小时，上完课之后要求回去复习巩固，并需要通过测试。公司在组织语言培训方面是严格管理与政策激励双管齐下，不可谓不用心费力，不过龚经理在介绍时也流露出困惑，就是虽然每周都上课、有作业、有测试，但学习效果与预期还是有一些差距。一方面可能与员工的职业生涯规划有关，有些员工喜欢在海外的工作，把一个个项目作为自身成长的阶梯，期望提升语言能力从而能在未来承担更重要的工作职责；而有些员工则希望尽快完成这个项目回国，因此对语言学习就不太用心。此外，研究者也分享了自己的看法，担任语言培训的教师是由翻译或当地人兼任，而他们虽然语言水平不错，但可能缺乏教学经验与方法，还是用自己在校学习的"听课–作业–测试"模式来教成年的在职人员，显示是不合适的，教学效果势必大打折扣。

二、语言培训的组织时间

（一）数据归纳

表4-4　组织员工语言培训的时间：数据归纳

培训时间	中南院	中建五局	水电八局	隆平高科	建工集团	中联重科	合计	百分比
入职时	1	7	5	0	2	2	17	14.41%
定期	2	3	6	3	3	8	25	21.19%
外派前	0	7	3	8	4	1	23	19.49%
到驻地后	0	4	5	3	5	1	18	15.25%
较少组织	18	0	3	5	6	6	35	29.66%
总计	21	21	19	19	20	18	118	100.00%

本题旨在了解企业组织员工进行语言培训的时间，沿着出海企业派驻员工"走出去"的时间线，设计了"入职时""定期""外派前""到达驻地后""较少组织"五个题项。

（二）汇总分析

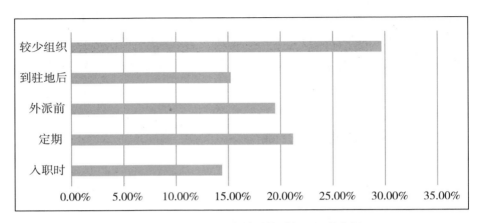

图4-7　组织员工语言培训的时间：汇总分析

统计数据显示，在80位参与问卷调查的员工中，有将近30%的认为培训组织的时间不够，不能满足他们迫切提升语言能力的需求。选择其他四项的比例比较均匀，说明企业在招聘员工入职时、外派前与到达驻地后这三个时间段均有组织语言培训。

（三）比较分析

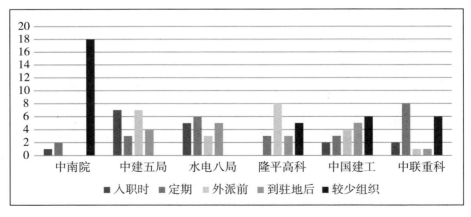

图4-8　组织员工语言培训的时间：对比分析

对六家企业组织语言培训的时间段进行比较分析，发现除了中南院之外的另外五家出海企业培训时间段的分布比较均匀。中南院选择"较少组织"的比例最高，达到90%，这与图4-7所反映的培训方式形成呼应。中南院由于组织语言培训较少，因此选择"自主学习"这种学习方式的员工比例同样也是六家企业中最多的（80%）。隆平高科选择"外派前组织培训"的比例最高，达到2/3，这与访谈中了解的信息一致。隆平高科的主要业务是援外农业培训，是商务部指定的湖南省五家有援外资格的企业之一，是两国政府之间的承诺。隆平高科是通过援外项目在属地国建立种子培发中心与农业产业园，带动相关农机、种业、化肥、农产品等企业走出去。隆平高科所选派的专家大多是农业专业出身，之前对"走出去"缺乏预期，普遍语言基础较薄弱。因此隆平高科十分重视外派前的培训，在定下专家团队之后，配备1-2名农业专业对口的翻译，语种以英法、西班牙、印尼等小语种为主，然后就由翻译或农大的老师对专家团队进行出行前强化培训。本题的数据也与"出海企业员工语言培训现状评价"结果相呼应。如图4-4所示，隆平高科也是对语言培训的效果评价最为积极的企业（85%）。此外，本题选择"定期组织培训"占比最高的企业是中联重科（53%），这一结果也与访谈得知的表4-3所反映的"语言培训组织方式"一致，中联重科在定期组织员工进行语言培训方面是六家企业中最为突出的。

三、语言培训的学习内容

（一）数据归纳

表4-5　语言培训的内容：数据归纳

培训内容	中南院	中建五局	水电八局	隆平高科	中国建工	中联重科	合计	百分比
日常交际英语	11	6	10	7	8	10	52	41.60%
英语+专业技术/管理	13	4	11	5	7	11	51	40.80%

续表

培训内容	中南院	中建五局	水电八局	隆平高科	中国建工	中联重科	合计	百分比
小语种	1	4	0	1	0	0	6	4.80%
英语+小语种	0	3	2	1	0	0	6	4.80%
小语种+技术/管理	0	4	1	1	0	0	5	4.00%
其他	3	0	0	1	1	0	5	4.00%
总计	28	21	23	16	16	21	125	100.00%

本题旨在了解企业组织语言培训的主要内容，根据企业出海所需语言能力与语种的需求分类，设计了"日常交际英语""英语+专业技术/管理""小语种""英语+小语种""小语种+专业技术/管理""其他"六个题项。这六个题项把语种与技能有机地结合起来，期待能通过了解企业组织的培训内容，更好地为决策与建议提供可靠的信息。

（二）汇总分析

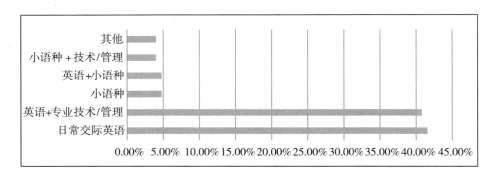

图 4-9　语言培训的内容：汇总分析

汇总数据给出的答案非常清晰，"日常交际英语"与"英语+专业技术/管理"的占比遥遥领先，分别为41.4%和40.8%，而其他题项的比例均在5%以下。出海企业组织的语言培训内容一定是这些企业迫切需要的。在第三章出海企业语言能力需求调查中，图3-5表明"工具性"与"交际性"语言能力是出海员工最需要的语言能力；图3-7显示"商务谈判"与"技术交流"是出海企业员工存在语言障碍最多的工作领域；表3-7展示"英语"仍然是出海企业中方员工最需掌握的语种，英语作为世界通用语的需求仍是最大的。结合图3-5、图3-7与表3-7，就是本题所展示的结果，"日常交际英语"与"英语+专业技术/管理"是出海企业最大的语言能力需求，也是企业组织语言培训的重点内容。

（三）比较分析

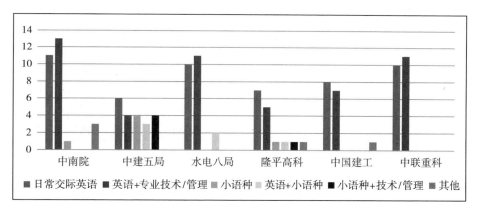

图4-10　组织的语言培训内容：对比分析

对六家企业组织的语言培训内容进行对比，可以发现共同之处在于"日常交际英语"与"英语+专业技术/管理"均是这六家出海企业语言培训最多的内容。不同之处也很明显，首先，比较特别的是中建五局，在培训内容上，"日常交际英语""英语+专业技术/管理""小语种""英语+小语种""小语种+专业技术/管理"这五项内容平分秋色，说明中建五局组织的语言培训兼顾英语与小语种，日常交际与专业技术并重，反映了中建五局全球布局广泛、语言人才需求较为全面的特点。其次，与中建五局有些类似的是隆平高科，尽管"日常交际英语"与"英语+专业技术/管理"的语言培训内容最多，但小语种的组合均有涉及，这与隆平高科农业技术交流的区域性特点有关。最后，其他四个企业——中南院、水电八局、建工集团与中联重科所组织的培训内容则基本跟小语种没有交集，这与这些企业的语言人才引进策略有关，均设有翻译科，跟"一带一路"业务有关的各小语种人才储备比较丰富。

四、语言培训的组织机构

(一) 数据归纳

表 4-6　语言培训的组织机构：数据归纳

组织单位	中南院	中建五局	水电八局	隆平高科	建工集团	中联重科	合计	百分比
商务厅	0	1	0	3	1	3	8	9.76%
人社厅	0	0	0	1	0	0	1	1.22%
教育厅	0	0	0	0	1	0	1	1.22%
本系统上级机构	7	4	3	1	3	2	20	24.39%
人力部/海外部	4	4	3	7	4	2	21	25.61%
无	9	0	5	6	4	7	31	37.80%
总计	20	9	8	18	13	14	82	100.00%

统计数据显示，为提升员工语言能力，满足"一带一路"企业出海的需求，各级各类机构积极组织语言培训，取得了一定效果。本题旨在了解组织过语言培训的机构类型，为今后各级各类机构更好地为企业提供语言培训服务提供建议。根据管理体制的相关性与业务特征，本题设计了"商务厅""人社厅""教育厅""本系统上级机构""企业人力资源部/海外事业部""无"共六个题项。这六个题项分为四个不同类型的机构：一是企业相关的职能管理机构，即省商务厅；二是高等人才培养的管理机构，即省教育厅；三是人力资源主管机构，省人社厅；四是企业系统的上级管理机构与本企业的相关职能部门，包括人力资源部与海外事业部（公司）。

（二）汇总分析

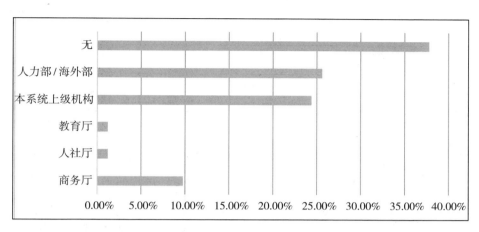

图4-11　语言培训的组织机构：汇总分析

　　数据显示，37.8%的员工反映单位没有组织过语言培训，这一数据与表4-4"组织员工语言培训的时间"中选择题项"较少组织"近达30%形成呼应。综合图4-1（希望本系统职能部门组织语言培训）、图4-4（组织员工语言培训的时间）与图4-3（员工接受语言培训的方式）、图4-11（语言培训的组织机构），可以得到这样的结论：尽管员工对参加语言培训的愿望十分强烈（92.5%），但相关机构组织的语言培训少（37.8%），组织语言培训的时间较少（29.66%），员工提升语言能力以自主学习为主（34.03%）。这反映了语言培训服务远远未能满足语言培训的需求，供需矛盾十分突出。

　　在组织过语言培训的机构中，企业内部人力资源部与海外事业部所组织的培训占比最高，为25.61%；此外，企业系统的上级管理机构组织语言培训也较多，占比24.39%。商务厅组织的语言培训占比9.76%；而教育厅与人社厅均为1.22%。综合以上数据，在组织过语言培训的四类机构中，组织力度最大的为企业系统的上级管理机构与本企业的相关职能部门，占到80.3%；企业的上级职能管理机构，省商务厅占比15.7%；而人力资源主管机构——省人社厅与高等人才培养的主管机构——省教育厅组织的语言培训仅占 2%。从供给侧分析，以上数据反映了在组织语言培训方面，企业发挥了主力军的作用，商务厅积极举措，而人社厅与教育厅在语言培训方面的作用有待加强。

（三）比较分析

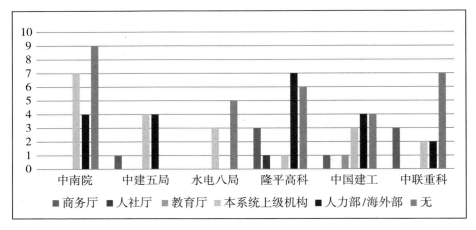

图 4-12　语言培训的组织机构：对比分析

如表 4-12 所示，六家企业所反映的组织过语言培训的机构差异较大。其中，只有隆平高科反映省人社厅组织过语言培训，且商务厅组织的语言培训占比最高，这与隆平高科的技术援外使命有关，作为商务部指定的援外企业，在接受政府职业部门指导的同时，也有更多的培训机会。相对应的是水电八局与中南院除了企业自身组织的培训外，几乎未参加过外部机构组织的语言培训。在访谈中，所有企业都提出希望相关职能管理部门能多提供培训机会，多提供经费，多为企业的语言培训提供指导的愿望。

第三节　出海企业语言能力提升路径

一、提升语言能力的有效学习形式

（一）数据归纳

表 4-7　提升语言能力的有效学习形式：数据归纳

学习形式	中南院	中建五局	水电八局	隆平高科	建工集团	中联重科	合计	百分比
专家面授	8	4	2	7	3	8	32	16.93%
网络学习	4	3	4	2	5	2	20	10.58%
脱产学习	9	3	4	1	2	2	21	11.11%
同伴互助	8	3	2	2	2	5	22	11.64%
自主学习	9	7	7	6	6	11	39	20.63%
工作中学以致用	12	7	8	7	10	11	55	29.10%
总计	50	27	20	25	28	39	189	100.00%

　　除了参加各级组织的语言培训之外，出海企业员工常常采取何种学习方式来满足自己的语言学习需求呢？根据目前常见的继续教育教育形式，结合员工在属地国学习的现实情况，本题设计了"专家面授""网络学习""脱产学习""同伴互助""自主学习""工作中学以致用"六个题项。其中，根据学习资源的不同，分为"专家面授"与"网络学习"；根据学习地点，分为"脱产学习"与"工作中学以致用"；根据学习模式，分为"同伴互助"与"自主学习"。

（二）汇总分析

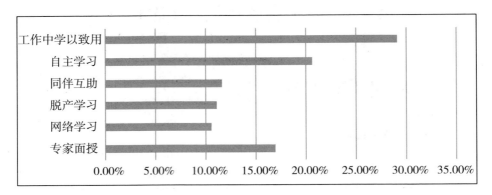

图 4-13　提升语言能力的有效学习形式：汇总分析

如上图数据所示，在提升自己语言能力方面，员工各种学习形式多管齐下，以"工作中学以致用"为主，占比 29.1%。根据学习资源、学习地点与学习模式这三个类别进行比较：学习资源方面，"专家面授"的比例（16.93%）超过"网络学习"（10.58%）；学习地点方面，"工作中学以致用"（29.1%）超过"脱产学习"（11.11%）；学习模式方面，"自主学习"（20.63%）超过"同伴互助"（11.64%）。这反映了目前出海企业员工在提升自身语言能力方面，仍然依赖较为传统的专家面授资源，而较少使用网络教学这种更为便捷、更不受时空限制的现代教学资源。此外，出海企业员工受工作性质所限，脱产学习的机会较少，更多地依靠自身努力在工作中提升自身的语言能力。最后，员工的学习模式仍以单打独斗为主，在构建学习共同体互相学习与帮助方面的意识还不够强。

（三）比较分析

上图对六家出海企业员工所采取的学习形式进行了比较，"工作中学以致用"是各企业语言能力提升的主要模式。书到用时方恨少，很多受访的员工反映，虽然英语学过多年，也有四级六级证书，但基于测试与基于岗位的语言能力差异极大，资料阅读问题不大，但在日常口语交际与商务

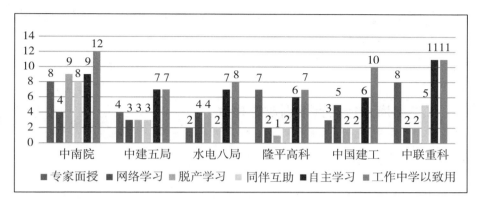

图 4-14　提升语言能力的有效学习形式：对比分析

谈判中，应试教育轻应用重语法的弊端就显露出来了，因此他们逼着自己在海外工作中大胆开口、不懂就问、利用手机 App 或者回家再做功课的方式学习提高，一般经过半年到一年的时间就会自信很多，在工作中更为得心应手。

在如何提升自身语言能力方面，这六家企业的员工各有所长。"专家面授"占比最高的是隆平高科，达到 58.3%，这与访谈所得信息一致，隆平高科的语言培训以聘请农大与生物机电的老师进行专题培训为主。"网络学习"占比最高的企业分别是建工集团（41.6%）、水电八局（36.4%）与中建五局（30%），这三家企业的共同之处在于公司在学习网络资源建设方面准备比较充分，如建工集团下设湖南城建职业技术学院（含湖南建筑高级技工学校），建设有自己的网络教育学校，学习资源丰富。据建工集团人力资源部梁经理介绍，集团准备在语言学习资源方面加大建设力度，以满足"一带一路"倡议下员工的语言学习需求。水电八局的网站上建有"丝路学院"，员工凭账号登录，可以享受丰富的学习资源包括语言学习资源。"脱产学习"占比最高的企业为中南院（45%），据中南院电力机电设备成套有限公司总经理张雷介绍，人力资源部以前曾经组织过为期6 个月的脱产培训，主要学习商务英语；此外中南院也聘请大学教授来院里进行面授，组织有出海意愿的员工利用休息时间充电提升语言能力，因此中南院"专家面授"的比例也高达 45%。"同伴互助"占比最高的企业也是中南院（40%），中南院早在 2003 年就实施了"走出去"倡议，在语言人才的储备和培养方面启动得较早，院里从上到下也形成了良好的互助学习氛围。

二、出海企业语言培训改进建议

（一）数据归纳

表 4-8　出海企业语言培训改进建议：数据归纳

改进建议	中南院	中建五局	水电八局	隆平高科	建工集团	中联重科	合计	百分比
利用网络资源	15	7	7	5	8	7	49	21.21%
协同多方组织	10	6	5	9	8	8	46	19.91%
拓展机构类型	12	5	2	3	2	6	30	12.99%
搭建服务平台	2	6	5	4	4	6	27	11.69%
整合教学资源	11	6	5	5	6	5	33	14.29%
改进培训模式	14	9	4	5	3	11	46	19.91%
总计	64	39	23	31	31	43	231	100.00%

作为有着出海工作经历的"走出去"企业员工，对于语言能力的重要性有着切身体会，对于如何改进语言培训应该有着重要的发言权。因此本题旨在了解出海企业员工对语言培训的建议与意见，设计了六个题项，可多选，分别是："利用网络资源""协同多方组织""拓展培训机构类型""搭建服务平台""整合教学资源""改进培训模式"。

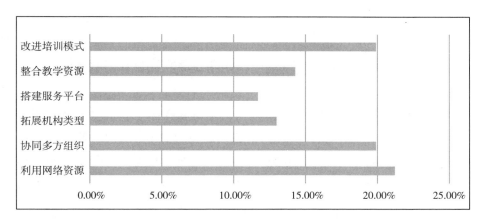

图 4-15　出海企业语言培训改进建议：汇总分析

数据显示，参加问卷调查的出海企业员工基本认同这六个方面的培训改进举措。占比最高的三个建议依次为：利用网络资源（21.21%）、改进培训模式（19.91%）、协同多方组织（19.91%）。这将为决策建议与人才培养模式改革提供有力的依据。

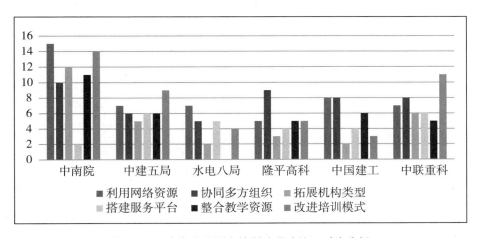

图 4-16　出海企业语言培训改进建议：对比分析

图 4-16 展示了六家出海企业对于改进语言培训不同的侧重点。综合来看，"利用网络资源""改进培训模式""协同多方组织"均是各企业强烈建议需要改进之处。此外，中南院与水电八局强调"搭建服务平台"，中建五局与隆平高科重视"整合教育资源"、中联重科建议"拓展培训机构类型"。

第四节　出海企业对大学外语教学改革的建议

"一带一路"倡议为我国高校外语人才培养提出了新的重大课题，更带来了新的发展机遇。语言人才的培养从培养时间上看，可分为职前培训与职后培训两条时间线；从培养的责任主体上看，可分为高校语言人才培养和企业在职培训两个阵地。本章第三节调查的是出海企业员工对于在职培训的改进建议，而第四节则是收集他们对于高等教育外语教学的建议。

一、数据归纳

表 4-9　大学外语教学改革建议：数据归纳

外语教学改革建议	中南院	中建五局	水电八局	隆平高科	建工集团	中联重科	合计	百分比
英语+专业技术/管理	16	8	10	8	8	12	62	33.70%
增设专门用途英语	13	1	1	3	2	4	24	13.04%
开设沿线国情与文化	13	7	4	4	9	7	44	23.91%
增设小语种	6	4	1	3	2	3	19	10.33%
增加口语交际实操	11	7	5	6	1	10	35	19.02%
总计	59	27	16	24	22	36	184	100.00%

"一带一路"倡议给高等教育外语教学带来了巨大的挑战与发展机遇。如何在新形势下调整外语教育目标、改革外语教学模式、改进人才培养方案，是外语教育改革与研究的热点。深入了解出海企业对于毕业生语言能力的要求，听取他们对于外语教学的建议不仅必要，而且必须。因此，在《调查问卷》的最后，研究者特意设置了这道看似与出海企业语言能力需求与培训无关、实则关系重大的问题。因为只有立足于岗位需求，才能更好地进行高等教育人才培养体系的改革。因此，本题旨在了解"一带一

路"倡议下，企业员工对大学阶段外语教学的改革建议。根据大学外语教育专业设置的特点，本题设计了五个题项，分别是：改革教学内容为"英语+专业技术/管理"；减少公共英语的同时，增加更贴近"理工农医经法"等专业的专门用途英语；开设英美以及"一带一路"沿线各国的国情与文化选修课；增设小语种；增加口语交际的实际操练。此题为多选题。

二、汇总分析

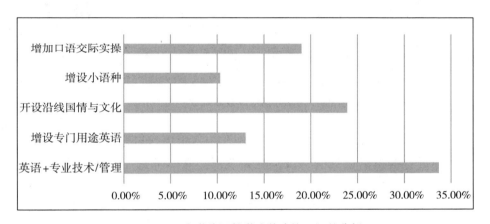

图 4-17　大学外语教学改革建议：汇总分析

图 4-17 汇总了六家出海企业员工对于大学外语教学的改革建议，10.33% 的员工建议增设小语种，以适应"一带一路"倡议下企业"走出去"的多样化语言需求；13.04% 的员工建议增设专门用途英语，扫除技术交流与合作上的语言障碍；23.91% 的员工建议开设"一带一路"沿线国情与文化选修课，架起民心相通的桥梁，使设施联通进展更为顺畅！

值得关注的是，33.7% 的员工建议改革教学内容为增加"英语+专业技术/管理"，19.02% 的建议"增加口语交际实际操练"，这两个数据非常有价值，与图 3-5、图 3-7、表 3-7 及表 4-5 所反映的员工语言能力需求一一吻合，汇总起来可归纳为：加强"日常交际英语"与"英语+专业技术/管理"是出海企业最大的语言能力需求，是企业组织语言培训的重点内容，也是企业建议高等教育外语教学的改革方向。

三、比较分析

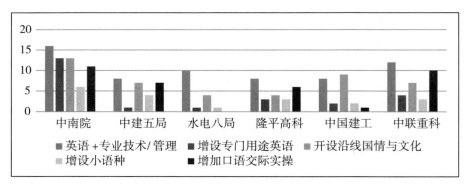

图4-18　大学外语教学改革建议：对比分析

在访谈中，企业相关部门负责人站在用人单位的角度畅所欲言，为大学外语教育提出了诚恳的建议，醍醐灌顶，值得研究者与高校外语教师深思：

"既懂国际贸易，又精通语言的人才极受青睐，如果能达到这两种学科的信息对称，专业与语言并重，将在中联重科充满发展机会。"

——中联重科海外公司总助兼人力资源部部长

"语言最重要的就是要会说，口语水平要好，许多985、211的毕业生学历高、英语证书也有，但开不了口，那怎么交流？集团对技术高、外语好的工科学生求贤似渴。尤其随着海外市场的不断开拓，学好外语意味着更强的竞争力、更广阔的职场晋升机会，和更丰厚的收入！"

——建工集团海外公司人力资源部部长

"成功的外语教育就是要使培养的学生能说会写，语言教育最关键的环节就是实践应用，高校要充分利用实习实训加强对实际操作能力的培养。湖南高校毕业的学生与北上广高校毕业的学生在语言应用能力上的差距还是很明显的，湖南现在的教育体制太闭塞，在校大学生要充分利用寒暑假去企业实习，走出校门、走出省门、走出国门，去中国的外企、出海去外国企业打工锻炼，在实际交际与工作中学习！"

——水电八局海外公司副总

"近年来新招聘外语专业的学生时必备的要求之一就是要通过专业英语八级，然而即使如此，涉及技术、谈判层面，外语专业的研究生仍难堪大任，有些毕业生甚至连基本的公文信函都写不好，令我们深感意外与困惑。进了公司就得能用，总不能叫我们再手把手地教如何写邮件、拟合同吧！"

——隆平高科业务部部长

"工程类的毕业生如果英语基础好的话，在校园招聘与选拔出海人员时会优先录用；在招聘法语等语种翻译时，同等条件下，企业更青睐从事过建筑类工程的人员；在招聘新员工时，学习土木、金融、工商管理、市场营销等专业的归国留学生与来华学习的留学生是海外事业部员工招聘的首选。"

——中建五局海外公司副总

"在海外的语言环境下，一般的日常交流不出半年普通员工基本都能适应，公司需要的是工程、机电、能源等专业技术的外语交流。现在的问题是，专业的翻译表现不专业，在一些重要场合频频出现口误，给双方带来误解，给公司造成损失。因此，对于大学外语教学有三个建议，其一，专业的要更加专业，要走'语言+技术'的路；其二，非英语专业，要增加专业用途英语；其三，外语选修多样化，公共外语除了英语，增设法语、西班牙语、德语、阿拉伯语等语种。"

——中南院机电力机电设备成套公司总经理

第五章　"一带一路"建设背景下语言培训供需矛盾

　　"一带一路"倡议的"五通"建设离不开语言服务，这带给外语教学及汉语国际教育千载难逢的机遇，也促使语言培训尽快转变思路，配合国家"走出去"国策，提出为"一带一路"服务的语言培训策略。首先，设施联通使得中国企业在"一带一路"沿线迅猛发展，在产能合作模式下的中国企业利用自身的技术装备和融资的优势积极开展国际项目，按照落地国家用工政策的要求，需要大量的初通汉语生活用语和简单汉语工程用语的当地员工，带动了当地的汉语热。其次，政策沟通方面，大量企业走出去，需要许多双向了解沿线国家政策法规和中国政策法规的人员，特别是了解税收政策、海关通关政策、银行金融政策、国际贸易政策、用工政策、外交政策等方面的汉语外语双向高端复合型语言人才，需要一些服务于企业一般性常规工作（如签证办理、缴税等）的普通型语言人才。此外，资金融通和贸易畅通涉及"一带一路"经济建设的合作和发展。这既需要懂得金融贸易的高层次复合型外语汉语双向语言人才，也需要大量的为当地华商经营者服务的普通汉语口语翻译。最后，民心相通需要语言做桥梁，语言相通才能民心相通，其中最重要的是尊重当地的风俗习惯和宗教信仰，同时服务于当地社会。

　　本章基于《湖南出海企业语言能力需求调研》有关语言能力需求（第三章）与供给（第四章）的数据与结论，通过文献研究、案例研究、比较研究等研究方法，归纳"一带一路"建设背景下语言培训的需求与供给情况，分析供需矛盾的现状及可能的原因，以期为解决语言培训供需矛盾提供依据。

第一节 出海企业语言培训的需求

一、出海企业对高层次复合型专业语言人才的殷切期盼

从调查数据与访谈内容都可以看出投身于"一带一路"建设的出海企业对高层次复合型专业语言人才需求的殷切期盼。数据显示，出海企业存在最多语言障碍的工作领域是"商务谈判"（38.85%），其次为"技术交流"（31.85%），其后依次为跨文化交际（12.10%）、管理（9.55%）与日常交流（7.64%）。企业需要的高层次复合型专业语言人才有以下特点：一是具备专业领域知识和双语或多语能力；二是具备跨文化交际与人际沟通能力；三是具有应变突发事件和吃苦实干的能力。

统计数据显示，为顺利地开展海外业务，员工需具备的三种语言能力中，需求最大的为工具性语言能力，占到47.74%；其次为交际性语言能力，比例为38.06%；对人文性语言能力的需求较少，为14.19%。由于所派遣的员工大多为技术过硬、经验丰富的专业技术人员和能开拓市场、善于处理与当地政府、企业、行业各种错综复杂关系的管理人员，必须具备较强的工具性语言能力和交际性语言能力，同时有较强的跨文化交际意识与能力，能够理解文化差异带来的工作、生活方式上的差别，能够较好地处理由于语言不同、文化差异带来的冲突与矛盾，确保项目的顺利进行。

数据说明，"工具性"与"交际性"语言能力是出海员工最需要的语言能力；"商务谈判"与"技术交流"是出海企业员工存在语言障碍最多的工作领域；"英语"仍然是出海企业中方员工最需掌握的语种，"英语"作为世界通用语，仍然是出海企业中方员工最需掌握的语种。"日常交际英语"与"英语+专业技术/管理"是出海企业最大的语言能力需求，在统

计中占比为 41.4% 和 40.8%，遥遥领先，也是企业组织语言培训的重点内容。

二、企业对"一带一路"沿线小语种人才的需求增长迅速

从出海企业员工所需的语种来看，一般可分为通用语（英语）、小语种与中文。翻译作为企业出海不可或缺的人员配备，一直以来在"走出去"业务中发挥着重要作用。各公司在"走出去"之初，对翻译尤其英语翻译的需求较大，英语作为世界通用语，以 63.48% 的比例位列出海企业中方员工所需掌握的语种首位；其次为属地官方语言（22.61%）与属地地方语言（8.70%）。随着海外业务的日渐成熟，以及专技管理人员十几年的海外锻炼与学习，企业对英语人才的需求逐年下降。与此相对应的是，随着"一带一路"业务向纵深发展，覆盖的国家与地区渐多，语种复杂，对法语、西班牙语、阿拉伯语、葡萄牙语、俄语、印尼语、泰语等小语种的人才需求增长迅速。然而，从目前培训市场的供给来看，英语一枝独秀，小语种需求与目前国内高级外语人才的培养之间的缺口较大。

三、企业和华商对本土普及型汉语人才的渴求

汉语人才包括高端型及普及型两个类别。据调查，高端汉语人才包括精通国情汉语、外交汉语、政策法律汉语、经贸汉语、师资汉语、医学汉语等的人才，其中医学汉语人才是近年来紧缺的高端人才。从中亚国家汉语高层次人才的调研情况来看，中国政府奖学金项目、孔子学院奖学金项目及汉学计划项目在高端汉语人才储备方面发挥了巨大的作用，这为普及型汉语人才的培养带来了新思路。

在调查中发现，由于"一带一路"沿线国家对外国企业基本的用工政策是要求企业聘用 80% 当地员工，这就需要大量的初通汉语的当地员工。截至 2022 年 9 月底，纳入商务部统计的境外经贸合作区近七成分布在"一带一路"沿线国家，为当地创造逾 40 万个就业岗位，为当地经济社会发

展做出了积极贡献。这意味着至少需要40万名懂简单汉语和工程术语的当地员工，他们属于普及型汉语人才。对出海企业外籍员工所需掌握语种的调研显示，尽管英语作为世界通用语仍是大多数出海企业与外籍员工交流的主要语言，但不同企业对外籍员工的工作用语要求呈现出多样化特征，而且出现了初通汉语的普及型人才需求量逐年增长这一发展趋势：企业要求外籍员工须会中文的达到18.33%，而且这一趋势还在持续增长中。中方与外方在进行交流时，数据显示"中方说外语"的比例（37.27%）远远超过"外方说中文"的比例（4.55%），这一方面显示了中方积极融入属地国语言文化所做出的努力，另一方面说明汉语国际教育还大有可为。在学习意愿方面，26%的外籍员工非常想学习中文，74%的外籍员工对中文兴趣浓厚但怀有畏难情绪，"不想学中文"的为0，反映了中国企业"走出去"带动当地的汉语热这一现象。孔子学院为世界各地培养了大量的汉语中高级人才，但对于企业一线工地工作的外籍员工来说，他们缺乏时间与机会进行课堂系统地学习中文，在日常交流中的学习很容易受到干扰，难以坚持，效果大打折扣。如何组织企业外籍员工有效地学习中文是语言培训一个值得深入研究的课题。

四、企业员工对语言培训的现实需要

调查发现，从重要性上，出海企业认为员工的语言能力"很重要"（98.75%）；随着企业在"走出去"业务方面的比重逐年增长，企业对新聘出海员工英语的要求整体提升，对英文水平有要求的占到83.75%，尤其对高层次专业技术与管理人员的英语要求更高了，要求六级的比例最例达到48.75%，比"一带一路"倡议提出之前提高了25%。反映了企业在"走出去"过程中越来越认识到语言的重要性，并把语言能力作为选拔派驻海外人员的重要指标。此外，出海企业员工在工作实践中深刻地感受到语言能力的重要性以及自己语言能力的不足，由于在职学习的时间与精力有限，因此迫切希望本系统相关职能部门能组织培训，数据显示，92.5%的员工都"希望参加职能部门组织的语言培训"。在访谈中，员工表示本系统组织的培训在内容上会更有针对性，而且在时间安排上也能更好地与工作兼顾。此外，由于可以跟同事一起共同学习，方便交流互动，互相激励，因而能取得更好的学习效果。

第二节　出海企业语言培训的供给

一、语言培训组织滞后，不能达到预期效果

98.75%的员工认为所组织的语言培训十分必要。从有效性看，73.75%的员工认同企业组织的语言培训效果。笔者与员工对培训效果不理想的影响因素进行了交流，他们大多认同公司在提升员工语言能力发展做出的努力，但现实影响因素主要有：一是时间因素，由于工作繁忙与海外工作的性质，员工无法脱产学习；二是内容因素，培训内容不是很切合工作所需，针对性不强，专业性不强；三是师资因素，语言教学的主体仍以专家学者教师为主，缺乏企业、行业工作经历，未充分利用国外的母语使用者、出国留学的学生、在外务工或生活的中国人、在中国学习与工作的外国人等广泛的潜在师资。

二、语言培训的模式固化，工作沉浸式学习模式较少

从事"一带一路"建设的大量专业技术性人才亟须快速、便捷、实用、高效的语言交际能力的培训。而我国语言人才的培养缺乏终身教育的理念，仍以在校培养为主，在岗培养较少；语言培训的模式仍以课堂教学为主，工作岗位沉浸式学习模式较少；公司组织语言培训的时间一般为员工入职时、外派前与到达驻地后这三个时间段。将近30%的员工认为培训组织的时间远远不够，不能满足他们迫切提升语言能力的需求。由于公司组织语言培训较少，因此选择"自主学习"这种学习方式的员

工比例就会更高。在出行前组织集中脱产培训，出海企业员工语言培训现状评价最为积极。出海企业员工受工作性质所限，脱产学习的机会较少，更多地依靠自身努力在工作中提升自身的语言能力。最后，员工的学习模式仍以单打独斗为主，在构建学习共同体互相学习与帮助方面的意识还不够强。

三、语言培训路径狭隘，较少运用信息化网络教育资源

语言培训的信息化程度还不高，语言人才的培养仍以线下、境内为主，境外办学、线上与线下相结合的培养渠道尚未打通。仍然较为依赖传统的专家面授资源，而较少使用网络教学这种更为便捷、更不受时空限制的现代教学资源。

四、语言培训的组织机构单一，仍以公司内部为主

出海企业员工的语言培训仍以公司组织的内部培训为主（33.33%），这也是在职员工最普遍的继续教育方式。其中，企业人力资源部与海外事业部所组织的培训占比最高，为25.61%；此外，企业系统的上级管理机构组织语言培训也较多，占比24.39%。商务厅组织的语言培训占比9.76%；而教育厅与人社厅均为1.22%。综合以上数据，在组织过语言培训的四类机构中，组织力度最大的为企业系统的上级管理机构与本企业的相关职能部门，占到80.3%；企业的相关职能管理机构，省商务厅占比15.7%；而人力资源主管机构——省人社厅与高等人才培养的主管机构——省教育厅组织的语言培训仅占2%。所有企业都提出希望相关职能管理部门能多提供培训机会，多提供经费，多为企业的语言培训提供指导。

总之，尽管员工对参加语言培训的愿望十分强烈（92.5%），相关机构组织的语言培训少（37.8%），组织语言培训的时间较少（29.66%），员工提升语言能力以自主学习为主（34.03%）。这反映了语言培训服务远远未能满足语言培训的需求，供需矛盾十分突出。从供给侧分析，调查数

据反映了在组织语言培训方面，企业发挥了主力军的作用，商务厅有积极举措，而人社厅与教育厅在语言培训方面的作用有待加强。

第三节 "一带一路"建设背景下
语言培训面临的问题

提高"一带一路"建设者的语言沟通能力，是加快沿线区域和国家经济建设的重要条件。当前，学术界对语言如何服务"一带一路"建设的讨论、探索异常活跃，沿线地区与国家的建设者对迅速提高自身语言能力的诉求非常迫切。但作为最能解决现实语言问题的语言培训服务，无论是从国家层面，即以政府主导的语言培训行为，还是从社会民间自发建立的培训机构来看，都显得悄无声息。目前，国内沿线各省份和东、西部沿边省份在围绕"一带一路"建设语言培训方面的研究还未全面兴起，一些已有的国内知名大型语言培训机构和为数众多的小型语言培训组织，还没有把语言培训的范围扩展到服务于"一带一路"沿线国家的语言需求上来。目前，在满足"一带一路"语言需求所开展的语言培训存在以下主要问题。

一、语言培训的现状复杂，缺乏深入调查分析

服务于"一带一路"建设的语言培训工作，需要对沿线国家和地区的语言状况进行深入调查和分析。应关注以下三个方面：一是考察湖南省出海企业"一带一路"沿线地区，包括中南亚等边境省份与自治区的语言环境和资源问题，摸清内陆沿线各省份的语言教育培训状况。二是全面了解沿边跨境国家、相邻国家及沿线其他国家的语言使用情况、语言政策等。三是调查和统计汉语国际教育和相关培训情况，掌握"一带一路"国家汉语培训及使用状况。针对上述涉及的问题，研究者调研了包括商务厅、教育厅在内的相关政府职能部门和语言培训机构，发现目前无论是政府还是社会语言培训机构，相关语言需求和使用状况调查并未真正开展。

二、语言培训的视域固化，缺乏大局意识

我国目前语言培训机构数万家，但90%以上是外语培训，其中绝大多数是英语培训，非通用小语种语言培训所占比例很小，其他小语种的语言培训更是微乎其微。现有语言培训的主要对象是从幼儿园到大学和研究生各个阶段的学生，而对于社会上各行各业工作人员的语言培训却很有限。培训的主要目的是针对各级各类升学考试、考取语言（主要是英语）等级证书、出国留学等。少数在职人员的语言培训，也只是为那些有职称评定要求和特殊行业的工作人员提供服务。总体上看，面对"一带一路"建设多种语言培训需求，无论是大型语言培训机构，如新东方、新航道、环球雅思等，还是分布在全国各地小型语言培训机构，还没有明显看到针对"一带一路"建设语言培训目标、培训语种、培训内容的调整与变化，也很少见到专门服务于"一带一路"沿线国家和区域的语言培训学校。当前，国内绝大多数语言培训机构仍是把英语等大语种和眼前的既得利益放在首位，固守既有的语种类型和培训模式，未放眼于国家"一带一路"发展大局，没有从倡议高度、长远利益出发来重新筹划拓宽语言培训市场。

三、语言培训准备不足，行动滞后

语言培训虽在中国已开展几十年，但受高考外语考试课程限制和欧美等西方国家留学热潮的影响，"英语独大"的语言培训体系，一直占据着国内的语言培训市场，小语种始终只是一些培训机构中的"配角"。就目前语言培训的师资力量、教材和相关配套语言产品和工具等软、硬件设施来看，仍主要满足的是英语培训需要，面对西北、东北、西南等沿边地区跨境语言、沿线国家小语种语言、少数民族地区成年人通用语言学习和内地从业人员学习边疆地区民族语言等丰富多彩的语言需求，相关各级各类培训部门和培训机构，无论是在思想意识，还是师资、课程设置、教材等方面都还没有做好充分的准备。

　　"一带一路"倡议提出十年多来，已有 100 多个国家和国际组织参与其中，我国同 30 多个沿线国家签署了共建"一带一路"合作协议。基础设施互联互通、能源资源开发利用、经贸产业合作区建设等稳步推进，亚投行、丝路基金为代表的金融合作不断深入，一批有影响力的标志性项目逐步落地。教育部近期印发的《推进共建"一带一路"教育行动》，为建设"一带一路"教育共同体指明了具体方向和行动路线，但体现在语言服务方面的语言培训行动，却远远落后于"一带一路"建设的步伐。2016 年 1 月中国社会科学院语言所、北京语言大学等院所举办的"中青年语言学者沙龙"上，一些专家与学者指出，"一带一路"建设，语言不通也是痛点，语言能力培养和提高至关重要。他们在调研过程中发现，很多中资企业由于语言沟通障碍而丧失了很多发展机会。由此看来，语言沟通和培训等方面的问题如果得不到正确的认识和妥善解决，势必会在某种程度上给"一带一路"建设带来负面影响。

第四节　服务"一带一路"建设的语言培训举措

　　"一带一路"倡议规划的实施，必须充分认识语言服务和语言培训的重要性和先行性。语言能力需求与语言培训问题在国家"一带一路"倡议规划中是一个迫在眉睫的基础工程问题，比如中国丝路基金已对巴基斯坦投入了 16.5 亿美元，今年底或明年初亚投行就有可能对整个沿线国家开始投资，基础设施建设和工经贸项目有可能会呈现井喷式发展，语言问题必须现在就要拿出办法，而不是坐等若干年后语言人才的培养。兵马未动，粮草先行，湖南省委省政府与相关职能部门迅速行动，积极部署，着手解决即将到来的语言人才奇缺和语言服务能力匮乏问题，构建"一带一路"语言服务宏大倡议工程。

一、出台系列政策，加强对语言服务的指导与扶持

笔者收集查阅了近 5 年来湖南省委省政府，以及发改委、商务厅、教育厅、人社厅、经信委、外侨办、贸促会等相关职能部门围绕"一带一路"建设下发的文件、实施方案、意见、纲要等政策性文本。包括：《湖南省人民政府关于加快实施"走出去"倡议的意见》《关于加快推进工业企业"走出去"的意见》《关于印发〈湖南对接国家"一带一路"倡议工作方案〉的通知》《湖南省参与建设丝绸之路经济带和 21 世纪海上丝绸之路的实施方案》《关于印发〈湖南省对接"一带一路"倡议推动优势企业"走出去"实施方案〉的通知》《湖南省中长期人才发展规划纲要（2010—2020 年）》《关于进一步加快推进新型工业化的决定》《关于加快发展现代职业教育的决定》《湖南省贯彻〈中国制造 2025〉建设制造强省五年行动计划（2016—2020 年）》《湖南省企业人才培训示范基地管理办法》《关于加快推进国际产能合作的意见》《湖南省人民政府关于推进国际产能和装备制造合作的实施意见》《关于印发〈湖南省实施开放崛起倡议发展规划（2017—2021 年）〉的通知》《中共湖南省委湖南省人民政府关于进一步扩大开放加快发展开放型经济的决定》，这些政策从不同角度、不同领域强调了语言人才的重要性，以及省委省政府对语言培训的重视与规划，研究者将相关的促进语言培训的政策进行了归纳与梳理，按图索骥，试图梳理出决策层面在语言培训方面的目标与做法，为本研究提供政策依据与研究参考。

（一）加强组织领导，完善机制体制

加快人才培养和培训。坚持政府扶持与企业自我培养相结合，加大跨国经营管理人才培养力度。鼓励各级政府以向第三方服务机构购买服务，定期为企业提供业务指导和培训。积极支持和鼓励"一带一路"沿线国家向湖南省输送留学生，培养国际人才。

（二）建设"走出去"信息共享平台

借助湖南省资源优势，实施开放型经济"移动互联网+"行动计划，为企业搭建集信息、资金、人才、法律、服务等于一体的对外经贸和双向投资的信息共享平台。

（三）建立多层级、分领域的国内外人才信息库

建立湖南省"一带一路"暨国际产能合作领军人才库。健全海外高层次人才联络体系，引导工业企业对技术型、管理型人才实施股权激励、技术入股等机制，积极引进有丰富国际化管理和技术经验的海内外高层次人才和创新团队。组织国际化人才交流活动，搭建引进高层次人才和留学回国人员"全程一站式"服务和后续跟踪反馈平台，建立境外专门人才引进的绿色通道。

（四）构筑开放智力高地，夯实人力资源保障

加快推进政府、企业与高校职院开展合作办学和专业培训，引导高校、高职院校培养国际化人才、海外营销策划人才、国际环境和法律法规人才。

（五）加强语言教育培训合作

发挥湖南教育强省的优势，鼓励有实力的高校、职业院校开展境外办学和职业教育合作。扩大外国留学生规模，引导企业吸纳留学生参与境外项目建设。加强与境外合作国家间的学术交流，利用"汉语桥"等文化教育平台，深化与沿线国家交流。

（六）加强企业"走出去"倡议语言智库建设

建设我省对接国家"一带一路"倡议的若干新型智库，政府、企业与省内外知名高校和各类研究单位合作，加大对沿线国家发展倡议、政策、产业、市场等研究，为我省加强与沿线国家全方位合作提供语言支撑。

（七）加快人才队伍建设，培养、引进国际化复合型人才

坚持企业培养与政府支持相结合，培养一批复合型跨国经营管理人才。适时选派机关事业单位和企业骨干到境外项目挂职锻炼。注重发挥"一带一路"国家留学生在湖南省的作用，招聘当地双语人才或留学生来湖南省企业工作，服务湖南省国际产能合作。开辟人才引进绿色通道，强化人才奖励和保障机制。激励企业招聘复合型人才，对符合条件的优秀人才按规定给予一定金额的安家费，按 3–5 年逐年发放。

二、发布《国别指导意见》，加强对沿线语言国情进行研究

根据《湖南省对接"一带一路"倡议行动方案（2015—2017 年》，湖南省发展与改革委员会在组织有关专家进行专题研究的基础上，制定了《湖南省对外投资产业和国别指导意见》，分三批进行发布，指导意见将覆盖我省全部对外投资的八十多个国家，按产业与国别进行区分，为我省对外投资提出指引。《湖南省对外投资产业和国别指导意见》（东盟 10+1 国）作为首批已于 2015 年 12 月公开发布。第二批，省发改委将研究发布国家部署优先推进的其他 40 个国家的对外投资产业和国别指导意见。第三批将研究发布剩余国家的投资产业和国别指导意见。

《湖南省对外投资产业和国别指导意见》（以下简称"指导意见"）主要对东盟 10 国（马来西亚、印度尼西亚、泰国、菲律宾、新加坡、文莱、越南、老挝、缅甸、柬埔寨、东帝汶）的基本情况、地理位置环境、社会人文环境、投资合作法规与政策进行收集和梳理，并总结分析了东盟的经济表现、金融环境、投资风险、投资注意事项等，重点研究了湖南省与东盟的投资合作现状、前景、对策等。在"湖南省与东盟投资合作对策"中，强调要了解当地文化并学习当地语言，并了解与之相随的文化禁忌和文化敏感问题，尊重当地民族自尊心，尊重当地风俗习惯，注重回馈当地社会，积极融入当地社会。《指导意见》逐一介绍了东盟 11 国的官方语言、民族语言、方言，以及其他大族群的常用语言。此外，调查当地华

人普遍使用的语言，及其华文教育水平，为两国经贸往来、经济合作以及文化融合等方面发挥的作用。

针对不同国别的语言沟通问题，《指导意见》也罗列了具有操作性的解决方案与建议。如建议中资企业在越南开展经贸合作遇到困难时可向越南中国商会及各分会求助。如遇语言不通等困难，可经中国驻越南大使馆文化处或越南中国商会介绍，请目前在越的约4000名中国留学人员与进修生提供翻译协助。

三、强化人才和智力支撑，加强语言培训

（一）采取多种形式开展语言培训

注重语言培训，语言是交流的第一步。根据《湖南省人民政府关于加快推进国际产能合作的意见》（湘政发〔2017〕8号），依托湖南省内外高等学校、职业教育机构，采取委托培训、自主培训、国际交换生等方式，适时举办不同层次和类型的培训班，培养精通语言的国际化人才、海外营销策划人才、国际环境和法律法规人才、企业中高级经营管理人才。

（二）鼓励省内高校教育平台与企业开展职业教育合作，组织语言专项培训

充分利用中南大学、湖南大学、湖南师范大学等高等院校的教育平台，鼓励支持省内有实力的院校、职业院校开展境外办学和职业教育合作，着力培养具有国际视野、通晓国际经济运行规则、熟悉国外（境外）法律的外向型、复合型人才。组织开展企业"走出去"相关人员的法规、政策、礼仪、文化语言方面的专项培训，提升综合素质。举办企业高端人才培训班，进行有关"走出去"的法规、政策、礼仪、文化、语言等方面的专项培训。引导省内高校培养翻译人才、海外营销策划人才、国际经贸和法律人才。如2012年，五凌电力集团与中南大学合作，对该公司在缅甸投资的水电站项目中的缅甸员工进行了培训，中南大学外语院提供了口笔译人才，为培训的顺利进行打下了良好的基

础。此外，该集团还与中南大学合作培训本国员工，培养跨文化能力、语言能力，为该集团在缅甸等海外项目的拓展培养了专业人才。扩大外国留学生规模，引导企业吸纳留学生参与境外项目建设。

（三）派遣教师出国，开展汉语国际教育

由国家汉办、国务院侨办以及其他合作机构选派优秀的大学、中小学校教师前往遍布全球的孔子学院、孔子课堂、华文学校、华教中心担任中文课程的教学和培训任务，并传播中华文化。同时，拓展教学视野，与出海企业积极联系，前往属地国工地为企业聘请的当地员工普及汉语。此外，利用"汉语桥"等文化教育平台，深化与沿线国家交流。

（四）扩大外国留学生规模，为"一带一路"沿线国家培养人才引导企业吸纳留学生参与境外项目建设

长沙理工大学与中国路桥联合培养国际留学生，深入企业实习，为校企合作助力，这是"一带一路"沿线国家人才培养的新尝试，提高了国际留学生的培养质量。

据统计，截至目前，我国拟赴"一带一路"沿线国家进行共建布局的企业已达110000余家，无语言沟通障碍的企业少之又少，构建"一带一路"语言服务和语言人才培养宏大倡议工程任重道远。从更为长远的国家发展战略角度看，经济合作与人文交流是"一带一路"建设之两翼，语言国情研究和语言服务及语言人才培养工程不仅可以解决"一带一路"倡议的各项经济建设的语言能力问题，也是随之而来的人文交流的基础工程，更是在国际舞台展示中国国家实力的一项基础工程。中国的发展离不开世界，世界的发展也需要中国。出海企业语言需求与培训现状调查让笔者深深体会到这个道理。无论从外语非通用语的需求大量增长来看，还是从当下汉语热的驱动力来看，都离不开"一带一路"倡议下中国与世界在基础能源领域、金融贸易领域以及通商物流领域和文化交流领域的合作发展。在与"一带一路"沿线国家的互利互惠中语言需求呈现出多元化和汉语地位提升的局面。

第六章　服务"一带一路"建设的语言教育供给侧改革策略

语言人才的培养从培养的时间上看，可分为职前培训与职后培训两条时间线，从培养的责任主体上看，可分为高校语言人才培养和企业在职培训两个阵地。本章将分别从职后培训与职前培训两个时间线，即企业在职培训与高校人才培养两个阵地探讨"一带一路"倡议下语言能力建设的供给侧改革策略。

第一节　语言继续教育改革策略

要改变现有语言培训现状，满足"走出去"企业语言培训的需求，必须深入调查了解"一带一路"建设者们对于培训的看法。作为有着出海工作经历的"走出去"企业员工，对于语言能力的重要性有着切身体会，对于如何改进语言培训应该有着重要的发言权。调研结果显示，占比最高的三个建议依次为：利用网络资源（21.21%）、改进培训模式（19.91%）、协同多方组织（19.91%），为改进企业语言教育培训提供了有力的依据。

本节重点探索改进语言培训的思路、机制与策略。通过加强顶层设计、深入调查研究、拓展教育渠道、创新教育模式、调动民间教育资源、运用信息教育手段，提质增效，高效地培养满足企业"走出去"倡议需求的各类各层次语言人才。

一、加强顶层设计，推进共建"一带一路"教育行动

教育部（2016）印发的《推进共建"一带一路"教育行动》（以下简称《行动》）通知指出，中国倡导沿线各国建立教育共同体，聚力推进共建"一带一路"，首先需要中国教育领域和社会各界率先垂范、积极行动，要求各省市制定"一带一路"教育行动计划，有序推进教育互联互通、人才培养及丝路合作机制建设。针对《行动》的要求，河北、河南、福建、安徽、宁夏、贵州、云南、海南、新疆、广西、黑龙江、吉林、陕西等省份迅速采取措施，落实推进语言教育和人才培养，服务"一带一路"语言能力建设。如陕西省人民政府外事办公室、西安外国语大学、中译语通科技启动了"一带一路"语言服务及大数据平台，分为多语言全媒体呼叫中心、跨语言大数据中心、多语言定制 App、多语言视频会议系统四个板块，将服务于"一带一路"国际贸易、国际文化交流的需求；2016 年 7 月"一带一路"汉语普通话推广培训基地（西北中心）在西北师范大学成立，该基地是目前教育部、国家语委设立的唯一一个"一带一路"汉语普通话推广培训基地，将成为未来中国西北各少数民族和中亚各国语言文化及教育交流的窗口和"一带一路"国家语言倡议、语言规划智力支持的专业化高端智库。

这些具体的行动都离不开政府对国家语言能力建设的顶层设计和规划。当前，湖南对接"一带一路"建设中的语言培训同样需要省委省政府的支持和引导。语言是传承人类文明、促进文化交流的主要载体，是国家和地区的重要倡议性资源。当前，全球化和信息化使语言的功能空前拓展，语言在文化、政治、经济、科技、军事、国家安全、外交等领域的作用日益重要。世界各国包括发展中国家纷纷推出国家语言倡议，提升语言倡议层次，拓展倡议视域，推出重大举措，努力控制高点。可以说，国家语言能力建设问题已经刻不容缓。特别是随着"一带一路"建设的深入推进，对国家语言能力提出了新的紧迫需求，因此，建议尽快启动湖南省"一带一路"语言能力建设工程，着力增强语言实力，建设语言强省，为

推进湖南省对接"一带一路"建设奠定坚实基础。

二、调整国家外语建设规划，形成良性的语言能力建设循环体系

我国开展"一带一路"建设工作，必然会带来各种语言需求，所以做好语言规划是非常有必要的，应该及时开始有关建设，了解"一带一路"建设具体语言需求，然后构建专门的具体语言规划、大力培养语言人才、对语言资源开发进行创新、建立具体语言服务体系等对策，给"一带一路"发展倡议的顺利实施提供保障，并且促进语言学科的不断开拓创新。"一带一路"建设是一项涉及几十个国家，数亿人参与的宏伟工程，有着长远的发展前景，语言需求的多样性将长期存在。目前我国在语言学习方面，不论是正规的学校教育，还是社会上民间机构的语言培训，语种数量少成为不能满足"一带一路"语言需求的主要问题。李宇明教授指出："我国是外语学习大国，但是就语种能力来看却是个外语资源开发利用的小国。"[①] 为更高效地进行外语人才培养"供给侧改革"，有必要从以下几个方面着手。

（一）深入调研、科学论证，是制定语言教育规划的关键

政府要投入财力物力，尽快组织语言专家、学者到"一带一路"沿线地区展开语言状况实地考察调研。通过"双向"调研，准确掌握"一带一路"沿线区域主要国家的强势语言、关键语言和通用语言情况；统计湖南省与对接国家跨境语言种类，了解跨境语言国内外使用状况；详细分析湖南省的语言教育政策实施情况。同时，考察汉语国际教育、孔子学院建设情况和海外汉语传播、使用状况。针对"一带一路"不同国家、地区的语言需求，进行科学论证，选择便于沿线国家接受、有利于多边交流的国际通用语言、双边交流的国际非通用语言和跨境地区通用语言，更好地服务

---

① 李宇明. 试论个人语言能力和国家语言能力 [J]. 语言文字应用, 2021, No. 119 (03): 2-16.

"一带一路"国内外语言建设，创立舒适、和谐的语言沟通环境。

（二）尽快调整语言教育规划，全面统筹各语种及学科建设的布局和标准

转变外语学习只是学英语的狭隘理念，树立国际通用语言（英语）和非通用小语种语言同步发展的思想意识，紧密对接"一带一路"语言需求，用行政手段推动有条件的高校适时开设"一带一路"建设急需的小语种专业，增设沿带、沿路国家的核心关键语言，并伴随从小学到大学整个学习过程。其次，完善高考外语考试制度，使非通用小语种语言和英语平等进入高考外语考试，学生根据自己的意愿选择其中一门语言作为高考外语考试科目。这样不仅有利于培养大批满足"一带一路"需求的语言人才，而且也为今后非通用小语种语言教学提供了师资储备，有助于形成良性的语言能力建设循环体系。

（三）协同多方组织，建立语言服务和语言人才数据库和档案库

"一带一路"语言问题涉及沿线各国，应协调沿线各国政府部门、语言研究机构和各类语言人才培养单位，充分发挥市场和社会的拉动作用，整合企业、教育机构、智库机构、华人华侨等各方面力量，共建共享。积极协调各方力量，与各协同单位及"一带一路"沿线国家的语言学家深度合作，开展对接"一带一路"沿线国家语言国情人才现状和"一带一路"沿线国家汉语人才培养和储备现状调查。在充分调研基础上，绘制《企业出海语言需求地图》。同时，从宏观上把握精准对接"一带一路"对外语人才的精准需求和需求动态变化，逐步建立适应"一带一路"的外语人才需求库和各语种的语言服务和语言人才数据库和档案库，根据《湖南省对接"一带一路"倡议行动方案（2015—2017年》，制定《湖南省对外投资产业和国别语言培训指导意见》，出版《湖南对接"一带一路"建设语言省情手册》，以便直接服务"一带一路"建设。

（四）搭建合作平台，推进"一带一路"语言教育国际交流

首先，加强孔子学院等汉语机构在沿线国家的布局，帮助海外汉语学校加快发展，使其成为"一带一路"上推进汉语言文化传播及应用的服务区和加油站。二是加强对外汉语人才培养，加快汉语教师和汉语教学志愿者队伍建设，全力满足沿线国家汉语学习需求；开展海外汉语教师普通话培训，加大国家通用语言文字培训测试的海外推广力度。三是组织举办"湖南省'一带一路'沿线国家语言教育高层论坛"，深化与各国语言教育领域精英的交流，以应对沿线各国在实施"一带一路"倡议中所发生的与语言教育相关的突发事件。此外，协同打造国外能看得懂、接受得了、喜欢得上的具有湖南地方特色与文化创意的语言文化精品，促进中外文明交流互鉴。

三、拓展教育渠道，构建"一带一路"语言人才新型培养体系

协同创新机制，拓展"一带一路"多层次语言教育渠道，建立语言人才新型培养体系，逐步建立起有中国特色的专门用途外语人才培养途径，形成院校培养与语言人才应急培养体系互为支撑的"一带一路"语言人才培养的新格局。联合沿线国家和有关机构，建立"一带一路"语言人才库和"一带一路"语言人才国际培训基地，加强关键语言人才培养与储备。建立语言应急服务系统，通过语言培训培养国家亟须的语言翻译人才，以应对各种突发事件。

发掘语言文化研究创新人才，利用各国语言人才优势，采用合适的教学方法培训和集聚急需的语言人才，以满足当前"一带一路"事业的语言人才的需求。这不同于高等院校外语人才培养的专业建设和学科建设，而是采用特殊教学法的培训以解决语言服务应急人才的急需，与高校外语人才培养体系互为补充。发达国家一直采用多种渠道培养和储备语言人才，比如第二次世界大战时期美军采用军队教学法，根据战局急需开设语言人才培训。后来曾当选为美国语言学会会长的中国著名语言学家、清华国学

研究院四导师之一的赵元任先生就曾在第二次世界大战期间于哈佛大学为美军培训汉语人才，短期内（4到6个月）即应用于战场，很好地满足了太平洋和亚洲战场的语言服务问题。

这不仅有利于从长远指导各级各类学校语言教育，培养服务"一带一路"建设的双语或多语人才；而且能够引导当前社会各级各类语言培训机构针对"一带一路"语言需求，扩宽培训视野、拓展培养对象、增设语言种类，使各种语言培训既能满足社会需要，又能获取经济效益，以此调动语言培训方和培训者的积极性。同时，政府要鼓励高校开展面向社会人员的多种语言培训，指导高校发挥社会培训职能，要求各级各类高校把语言培训作为社会培训的一项重要内容，对那些紧扣"一带一路"建设、开展沿线国家语言培训的高校予以资金补助和相应奖励，促使高校紧跟国家发展大局，在语言培训中彰显大学引领风采。

建立"一带一路"语言服务和语言人才培养的体系是我省语言能力长远建设的重要环节，建议相关部门将基于协同创新机制的"一带一路"语言服务工程列入湖南省对接"一带一路"倡议工程总体设计。

四、创新教育模式，培养"一带一路"建设亟须的语言人才

我国目前语言学习的主要方式是学校正规教育，面向的服务对象是在校学生，他们是学龄阶段的青少年、国家未来的建设者，语言学习和语言能力提高伴随整个学习过程。而对于那些已经走出校门的成年人，即社会上各行各业的工作者，他们正是建设祖国的中坚力量，其精力主要集中在生产建设一线，重返学校学习语言的机会并不多。从相关调查来看，目前国内能够同时具备较高国家通用语言能力和多种外语表达能力的人还很少。要想"走出去"，与沿线国家进行经贸往来、工作洽谈等活动也必须懂得该国家的语言，而这些语言正是我国所缺乏的小语种语言。因此，学好英语，具备特定国家非通用小语种语言能力成为"一带一路"建设者们，特别是农村和少数民族地区工作者的艰巨任务和迫切需求。

语言培训的性质是非正式教育，其目的是使参与者接受语言方面的培

训,通过一定的语言训练和培训设施辅助学习,快速提高他们的语言能力。因此,要想迅速有效地提高"一带一路"建设者的语言能力,满足湖南省对接"一带一路"建设语言人才的迫切需求,就应从建设者的实际情况出发,创新语言教育模式,通过各种形式的语言培训,满足不同层次、不同群体的语言需求。

创新语言教育模式,既是提高"一带一路"建设者的语言能力的必然选择,也是服务"一带一路"建设的客观要求。就语言学习者而言,由于受工作限制,脱产长期学习的机会很少,通常只有选择业余或节假日时间进行,学习地点一般只能选择在离工作、生活地点较近的地方。就语言培训的特点来看,学习者对于培训内容、层次可以根据自身的接受程度和需求自主选择。这样的语言学习需求是正规学校教育很难实现的,必须以建设者们的实际需求为目标,以岗位需求为导向,不断创新灵活的办学机制,实施形式多样的教学模式,设计适切学员需求的培训内容,注重实际能力的培养,充分考虑培训实施的针对性和可操作性。

五、调动民间教育资源,满足不同人群的语言教育需求

"一带一路"建设者的构成群体广泛,既有"走出去"的劳动密集型建设项目的产业工人、各行业工作人员、外来务工人员,也有在属地国招聘的外方人员。他们来自不同国家、不同民族、不同地区,汉族之间交流需要克服各方言区不同口音的差异问题,汉族和少数民族成员之间必须解决语言沟通的障碍,我国外派的员工需要掌握通用语言英语或属地国的官方语言,国外参与我国建设的工作人员,也需要掌握我国的通用语言。多种语言的服务需求在"一带一路"建设中纷纷呈现,国内的通用语言、边疆少数民族语言和非通用外语将成为"一带一路"新形势下语言培训的重要内容,语言教育将有着无比广阔的发展空间和实践前景。

面对不同的劳动群体和服务对象,要想达成不同群体之间语言顺利沟通,必须加大语言培训力度,整合与调动各种教育资源。"一带一路"建设的语言培训,仅靠国家的力量是有限的,它"需要政府与民间双手推

动、更多依靠民间力量，需要公益服务与有偿服务双腿行进"①。我国语言培训机构数万家，拥有雄厚的语言培训资源，分布全国各地，是"一带一路"建设中语言培训依靠的重要力量。因此，必须积极调动民办教育机构的办学热情，鼓励各级各类社会语言培训机构主动出击、有所作为，走出眼前的既得利益，从长远出发，以倡议眼光扩大语言培训范围，把握"一带一路"沿线国家形势，研究国外语言发展状况，做好多种语言培训服务工作。

如何使现有的社会语言培训资源对接"一带一路"建设语言需求，一是要利用社会民间机构现有的语言培训条件，结合"一带一路"建设者的需要，进行语言培训机构的改革、完善。例如，增设相关语种，补充师资力量，在沿线区域开办或增设语言培训学校或授课点。二是给予优惠资助政策，使社会民间机构愿意到"一带一路"沿线地区，特别是到欠发达地区开展语言培训工作。社会民间语言培训机构是公益性和营利性兼顾的组织，营利性是考虑的重要问题，也是民间培训机构长期赖以生存的客观条件。要兼顾服务和利益双重因素，保证社会民间培训机构在盈利前提下发挥公益性的职能。要为民间语言培训机构提供培训信息，使培训项目符合培训对象的实际情况，避免走弯路和造成浪费。要在学校布点、校址选择上提供帮助，防止投资风险。三是要在社会民间语言培训机构建立初期给予财力扶持。美国的"关键语言计划"就是通过联邦政府提供资金，通过购买服务方式实施的。目前我国在推动社会语言培训、服务"一带一路"建设过程中也应借鉴国外成功经验，采取政府购买服务的方式，动员和吸引全国众多语言培训机构加入"一带一路"宏伟大业中来，使"一带一路"的语言培训尽快落到实处。

六、运用信息教育手段，构建网络培训平台

"互联网+"是互联网和传统行业融合发展的新业态、新形态，它是互

---

① 李宇明."一带一路"需要语言铺路［J］.中国科技术语，2015（6）.

联网与工业、商业、金融业等各项事业融合发展的新理念、新模式。该概念于 2012 年在第五届移动互联网博览会上首次被提出，2015 年李克强总理政府工作报告中将"'互联网+'行动计划"提升到倡议的高度。语言培训也应在传统学校教育、社会语言培训机构建设的基础上扩宽培训方式和渠道，建立"互联网+语言培训"网络平台，开展网络语言课程培训，实现网络视频一对一语言辅导学习，针对不同学习者的语言需求，提供相应的语言教学。这种形式不受时间、地点的限制，可以随时随地进行，培训对象可以根据自身的水平和要求选择不同层次的课程，既符合自身的现实语言情况，又有助于提高学习效率，达到相应的语言能力要求。

做好"一带一路"沿线的语言服务，是近几年来语言专家、学者们热议的话题。语言培训作为语言服务的重要方式之一，其现实意义在于通过语言培训研究，可以使语言服务从理论层面探讨向具体可操作的实践层面转化。本节在语言培训面临的现实问题基础上，研究政府行为引导的重要作用，寻求社会民间语言培训组织积极参与"一带一路"建设的策略，以便语言培训能尽早落地生根，迅速成长，更好地服务于"一带一路"建设。由于篇幅有限，关于不同语言如何分区域、分层次开展培训，如何加强企业、行业的语言培训问题等，有待于今后进一步研究。

第二节　高校语言教育供给侧改革策略

对语言产业人才的需求，应进一步深化语言产业人才培养的供给侧结构性改革，为掌握多种"一带一路"沿线国家官方语言的人才开设自然语言处理、嗓音医学、会展等语言产业相关专业课程，并为掌握语言产业相关技能的人才进行"一带一路"沿线国家官方语言培训。

然而，我国高校外语人才培养在学科层次、专业布局、课程体系、就业方向等多个环节都表现出程度不等的"供需错位"结构性矛盾。究其原因，笔者认为有以下三方面。首先是宏观层面，缺少对外语人才储备的顶层规划。投资合作、经贸往来势必需要大量国际化复合型外语人才，但是在宏观层面缺乏对"一带一路"外语人才的战略规划和政策指导。其次是高校层面，在应对语言人才需求反应上相对滞后。"一带一路"建设扩宽了外语人才培养的深度和广度，但是面对激增的外语人才需求，高校整体上反应相对滞后，仅仅在外语院系语种专业设置方面就难以满足发展需求。目前，外语专业中近九成是英语和日语，而法语、德语、俄语等专业寥寥无几，作为国际通用语的西班牙语、阿拉伯语以及亚洲其他邻国的官方语种甚少开设。最后，在课程层面缺少科学完善和与时俱进的设计。在人才培养机制中，课程体系设置是核心内容，是人才培养目标顺利实现的框架结构。总体看，高校外语院系在课程体系设计上和"一带一路"的人才需求有较大差距，呈现"重理论、轻实践""重语言、轻文化""重工具、轻人文"的特点。

如何在新形势下调整外语教育目标、改革外语教学模式、改进人才培养方案，是外语教育改革与研究的热点。只有立足于行业、岗位需求，才能更好地进行高等教育人才培养的改革。笔者在深入了解出海企业对于毕业生语言能力的评价与要求的基础上，认真听取了他们对于大学外语教学的改革建议。调研结果显示，占比最高的两个建议为：改革教学内容为"英语+专业技术/管理"（33.7%），增加口语交际实际操练（19.02%），这表明加强"日常交际英语"与"英语+专业技术/管理"是出海企业最大的语言能力需求，是企业组织语言培训的重点内容，也是企业建议高等教育外语教学的改革方向。除此之外，10.33%的员工建议增设小语种，以适应"一带一路"倡议下企业"走出去"的多样化语言需求；13.04%的员工建议增设专门用途英语，扫除技术交流与合作上的语言障碍；23.91%的员工建议开设"一带一路"沿线国情与文化选修课，架起民心相通的桥梁，使设施联通进展更为顺畅。

语言教育是语言服务顺利开展的首要前提。"一带一路"建设已经取得的成就和未来的发展纲要已经明示了"一带一路"语言服务的人才需求机构、需求领域和未来的建设重点。"一带一路"语言服务人才培养需要内外并举、兼容并蓄。从国内来看，"一带一路"建设的顺利推进需要充分调动高等教育资源，培养懂专业、高素养的职业化语言服务人才和小语种语言人才；从外部来看，"一带一路"建设过程中需要充分发挥孔子学院的汉语和文化传播作用。本节重点探索改进高校语言教育的思路、机制与策略。通过加强顶层设计、深入调查研究、拓展教育渠道、创新教育模式、调动民间教育资源、运用信息教育手段，提质增效，高效地培养满足企业"走出去"倡议需求的各类各层次语言人才。

一、"一带一路"建设背景下高校语言人才培养面临的困难

（一）培养的小语种人才远远滞后于"一带一路"人才需求

国内"一带一路"语言人才培养开始起步，但无论是规模还是质量，还远远不能满足需求。语言人才的培养仍以高等教育为主体，外语类职高与培训机构为辅。尽管如此，"一带一路"语言人才培养存在的问题仍然十分突出，目前的语言人才供给还不能满足"一带一路"建设的需求。从"一带一路"沿线国家官方语言看，目前我国高校开设的外语语种以英语、俄语、阿拉伯语等为主，仍有部分语言尚未开设。而非通用语言人才更是匮乏，"国家外语人才资源动态数据库"高校外语专业招生情况统计显示，2010—2013 年已招生的 20 个"一带一路"小语种中，11 个语种的在读学生数不足 100 人，波斯语、土耳其语和斯瓦希里语 3 个语种仅 50—100 人，其余 8 个语种均不足 50 人。此外，非通用语种人才大多只能由北外、上外、广外等少数外语类专业院校进行培养，导致所培养的语言人才数量少、语种单一。"一带一路"倡议提出以来，国内外语院校纷纷增设小语种，以对接"一带一路"，如 2018 年北京外国语大学针对 22 个省份开展了 24 个语种专业的"一带一路"外语专项招生。但无论从语种、还是招生规模来看，仍然是杯水车薪，再加上高校外语人才培养的周期较长，且毕业的学生最终是否会进入企业从事"一带一路"外派工作仍是未知数。

（二）培养的语言人才知识结构单一

目前，无论是语言专业还是非语言专业培养的学生，知识结构都比较

单一。

语言专业培养的人才存在只精通语法或相关文学问题，对文化、技术、管理、政治、法律、贸易等方面知之甚少的现象，而非语言专业的大部分人才也仅仅对自己专业的知识掌握得较好，对外语掌握欠佳，对国外的文化、文学、历史及风土人情等了解较少，在对外交往与合作中，无法用外语进行有效的交流且经常会因文化差异而产生一些矛盾冲突。我国传统的英语教学侧重于沟通能力与语言文学本身，与理工农医法商等学科专业的关联少，双语教学在高校专业人才培养中尚未普及，导致英语专业人才缺乏技术、专业技术人员缺乏英语表达能力的现象十分普遍。"一带一路"出海企业中的专业技术人员与管理人员担负着与驻地国专业技术人员、管理人员、政府官员沟通的重任，因此亟须"语言+专业"复合型高水平英语人才。此外，我国非语言专业的学生缺乏跨文化交际教育，导致跨文化交际能力不足。"一带一路"沿线国家宗教文化差异巨大、话语体系对接困难，出海企业员工如果对东道国文化不了解、不善于传达中国文化，文化冲突将会导致合作不畅、影响工作效率，甚至带来安全隐患。

（三）"一带一路"沿线孔子学院数量严重不足

孔子学院等汉语人才培养机构快速拓展，但在沿线国家的规模相对较小。2015 年 10 月，习近平主席在伦敦出席全英孔子学院和孔子课堂年会开幕式上强调："语言是了解一个国家最好的钥匙。"近年来，随着中国经济的发展和国际交往的日益广泛，全球汉语学习需求快速提升，以教授汉语和传播中国文化为宗旨的孔子学院也获得蓬勃发展。截至 2016 年，全球 140 个国家（地区）共建立 511 所孔子学院和 1073 家孔子课堂。随着"一带一路"的深入推进，汉语在"一带一路"沿线国家也日益受到重视，但孔子学院、孔子课堂的数量却相对较少。在"一带一路"沿线国家范围内，共有 134 所孔子学院和 130 家孔子课堂，仅占全球的 26.22%、12.12%，甚至有 13 个国家既无孔子学院，也无孔子课堂，远远不能满足"一带一路"互联互通的需求。同时，与经贸合作相比，沿线国家孔子学院的分布与我国经贸发展情况并不十分匹配。与我国双边贸易额超百亿美元的国家中，有49%是"一带一路"沿线国家，但这些国家拥有的孔子学院和孔子课堂仅占20.26%（77/380）和5.04%（47/932），在与我国双边贸易额超百亿美元的前五位沿线国家中，越南、马来西亚、新加坡、印度的孔子学院仅为1—2所。

二、高校语言教育供给侧改革策略

语言服务和人才培养问题在国家"一带一路"倡议规划中是一个基础工程问题，如果处理不好，很有可能会直接影响中国的国家形象，对"一带一路"的共建共享带来极大的风险。一些高校对此已有认识，积极采取措施，主动迎接"一带一路"建设给人才培养带来的挑战。

（一）新增"一带一路"沿线亟须的语言专业

鼓励高校合理有序、错位互补地开设"一带一路"相关语言专业，为服务"一带一路"建设积蓄语言人才；设立非通用语种人才专项培养经费，制定非通用语种人才特殊招生政策，培养和储备服务于"一带一路"的复合型语言人才。目前，结合"一带一路"建设的需求，中国高校开设"一带一路"沿线国家官方语言种类逐年递增，培养学生数量不断增加；自"一带一路"倡议提出，我国大部分外语院校新开设了多种语言专业，北京外国语大学现已获批开设101种外国语言，其中包含50种"一带一路"沿线国家官方语言。天津外国语大学、北京第二外国语学院等高校开设的"一带一路"沿线国家官方语言都达到20种以上。教育部统计数据显示，截至2018年9月，已有俄罗斯、印度、印尼、泰国等14个"一带一路"沿线国家将汉语纳入国民教育体系。

（二）优化语言人才培养方案

一是立足各校特色和行业发展，以英语为代表的国际通用语专业有必要进行"专业重塑"，除了语言类课程之外，再融入相关成体系的专业课程，比如，财经类院校可开设"商务谈判英语""金融英语"，文科类院校可开设"法务英语""工商管理英语",理工科类院校可开设"科技英语""制造业英语",医科类院校可开设"中医药英语"等;"语言+X"综合性人才成为培养新重点。例如广东外语外贸大学推进专业与外语深度结合,外语类专业学生实行"语种+专业方向"或者"小语种+英语"的培养模式;上海外国语大学在2016年本科招生时新增英语(教育)、德语(经济学)、西班牙语(企业管理)等"语言+X"复合型人才培养方向。在促进沿线国家语言互通方面,教育部国际司与北京外国语大学签署合作协议,支持该校通过引进国外师资、公派留学、与国外高校开展合作等多种方式,使该校开设的外国语言专业在2018年达到94种,实现外语专业设置全覆盖。

(三)调整培养方案,语言与专业培养双管齐下

优化学生知识结构,制定科学合理的培养方案,培养适应国际交流与合作的复合型人才。首先,可以采取"专业+语言"或"专业+第一外语(英语)+第二外语(自选)"的方式,促使非语言专业学生在某个领域学习的同时,加大语言知识的学习和能力训练,甚至可以将语言的培养和专业的培养放在同等重要的地位,采用"第二学位"的方式,促使学生全面发展。首先,在"专业+语言"的培养模式中,以各自专业的学习为主,允许学生根据个人兴趣及需求自选某种外语进行学习,也可采取"专业+第一外语(英语)+第二外语(自选)"的模式,加大学生外语学习的力度和自由度。其次,在培养模式上,要加强国内外、高校之间、企业之间的合作,可以通过中外联合培养、不同高校之间合作培养、学校与企业之间合作、或企业与企业之间合作等方式,采取全日制、短期培训班、在职培训等形式,优化并整合教育资源,节约投入和成本,提高人才培养的效果和效率。

此外,无论是语言专业还是非语言专业,语言培养计划的制定者及执行者在培养学生外语听、说、读、写、译技能的同时,也要加强外语教育中文化知识、国别和区域知识的教学,将语言的工具性和人文性价值并重,开展和促进跨文化、跨学科外语教学与研究,增加对外交流及社会实

践活动，注重培养学生的文化意识和对异国文化的敏感性，加强学生对目标语所属国家的价值观、宗教、风俗习惯、法律制度等的了解和理解，增强文化认同感和包容性，提高学生的语言实际应用能力、跨文化交流能力及创新创业能力，培养具有国际意识及跨文化沟通能力的涉外翻译人员、语言产品开发人员、高端技术人员、经贸人员、法律人员及跨文化管理人员等，使其在对外交往中能够更好地理解并解决文化差异所带来的冲突，能够更加顺利地进行对外交流与合作。

（四）对内推动外语学科转型，培养多元复合型人才

"一带一路"建设需要大量高层次复合型人才，这对我国外语教育提出了学科转型的重大挑战。长期以来，我国外语教育偏重单纯的语言技能训练，外语人才培养模式单一。在外语教学中存在"重语言，轻文化""重工具，轻人文""重西方，轻本土"的弊病。一方面，外语学科需要创新培养模式，探索培养多元化的国际型外语人才，加强外语教育中国别和区域知识教学，开展和促进跨文化、跨学科外语教学与研究，培养具有人文素养，学贯中外的国际化人才。另一方而，外语人才规划更要满足"一带一路"对于高层次国别、区域、领域外语专才的需要。随着"一带一路"建设步步推进，除了高水平翻译语言人才之外，培育精通沿线某一国家或地区当地语言，熟悉当地文化，甚至专攻于某一问题领域的专家学者已成当务之急。为满足共建"一带一路"对语言产业人才的需求，应进一步深化语言产业人才培养的供给侧结构性改革，为掌握多种"一带一路"沿线国家官方语言的人才开设自然语言处理、嗓音医学、会展等语言产业相关专业课程，并为掌握语言产业相关技能的人才进行"一带一路"沿线国家官方语言培训，高质量培养"语言+专业"语言产业人才。为此，外语学科应当加大转型力度，研究语言能力与其他专业能力的组合问题，着力提升外语教育的效率，使不同领域的专业人才能够获得必要的语言技能和跨文化沟通能力。这将直接关系到"一带一路"全方位多领域的开放发展、合作共赢。

以推动"一带一路"建设为目的的语言教育可以重点围绕英、法、

俄、汉四大通用语种的人才培养和沿线国家小语种的人才培养展开。语言服务人才培养最终是为了满足"一带一路"建设中各部委、组织机构、区域企业、出海企业的人才需要，也是为了满足"一带一路"沿线国家能源、技术、金融、文化等领域交流合作的需要。通用语种的人才培养，需要突破现在以单一外语为专业的现状，细化现有的专业划分，在语言教育的基础上细分面向经济贸易、文化交流等需求的专业，将语言教育与专业教育深入结合起来，以专业化、职业化为导向来实现此类语言服务人才的培养。小语种的人才培养需要突出该语种所在国家国情、文化、经济、贸易以及与"一带一路"建设重点相吻合的知识和能力的培养，培养专门的、有一定专业背景的文化、贸易人才。

（五）加强合作办学，培养汉语语言服务人才

随着"一带一路"建设的推进，沿线国家学习中文的热情也不断高涨。语言文化机构为语言产业服务"一带一路"铺路搭桥。截至2019年4月，中国政府在17个"一带一路"沿线国家设立了中国文化中心。孔子学院和海外中国文化中心既为"一带一路"沿线国家培养了大批精通汉语、熟知中华文化的人才，也为语言产业服务共建"一带一路"搭建了交流互鉴的平台。孔子学院应充分发挥在汉语教育方面的重要作用，进一步提高汉语教育质量，提升汉语教育的层次，助推汉语教育事业在海外的发展，为国家培养一批能够在当地提供汉语语言服务的人才，为经济贸易的顺利开展提供保障。正如2016年12月第十一届孔子学院大会期间参会专家所指出的，孔子学院应利用自身优势拓展汉语教育外的其他领域，充分发挥孔院在人文交流、姊妹学校、友好省州、经贸往来等方面的作用，尤其是发挥孔院的智库作用，为中国与沿线国家人文交流、经贸往来等各领域合作提供信息服务和政策咨询。目前，孔子学院在"一带一路"沿线国家的分布并不均衡，少数地区没有孔子学院覆盖。国家在此基础上须进一步加大投资，进一步提升孔子学院的数量，进一步完善孔子学院布局，力争在"一带一路"国家实现全覆盖。

"一带一路"建设的推进需要大批懂中文、了解中国文化的外国中文

人才。我国可以依托孔子学院,有计划、有步骤地推动国外的汉语教学和中华文化传播,与"一带一路"国家的大学合作开展中文教育、中国文化教育和汉学教育。据统计,除新加坡、马来西亚、俄罗斯、泰国、越南等与中国临近、贸易往来频繁的沿线国家的汉语教学比较充沛外,其他沿线国家开展汉语教育的状况有较大的提升空间。我国可以支持"一带一路"国家的高校开设中文课程,并完善沿线国家的中文教学体系。此体系可以从开设中文选修课程开始,逐步设立中文专业或中文系,进而开展与专业相结合的中文教学或中外高级翻译教学,最终实现以中文和中国文化为研究对象的硕博研究生教育,培养更多知华、友华的汉学家。

在"一带一路"倡议发展与推进的过程中,语言与文化的融通至关重要,语言人才的培养是重中之重。虽然语言人才培养面临着诸多困难与巨大挑战,高标准改进语言人才培养机制将会使语言人才高质量服务"一带一路"的空间更加广阔。因此,我们应该在对沿线国家语言使用深入调查的基础上,制定合理的语言规划和语言人才培养计划;调整人才培养模式,采取多种方式,培养大批既了解合作方语言与文化,又具有一定专业技能的复合型人才;同时,要培养高质量的对外汉语人才,并充分发挥少数民族人才及本地化人才的语言优势,更加科学地进行语言人才培养,从而更加合理有效地进行对外交往与合作。

第七章 服务"一带一路"建设的翻译人才培养改革策略

第一节 我国翻译人才的需求与分布

《国家中长期教育改革和发展规划纲要（2010—2020）》提出为了适应国家经济社会对外开放的要求，需要培养大批具有国际视野、通晓国际规则、能够参与国际事务与国际竞争的国际化人才。随着中国积极推进构建融通中外话语体系与对外传播能力建设，社会各行业国际合作进一步加强，海外业务迅猛拓展，对"一带一路"沿线国家涉及的小语种翻译和高端翻译的翻译质量与传播效果提出了新要求。高质量的翻译人才是跨越语言的障碍、确保高效的合作、实现各国之间互联互通的重要保障。

一、翻译人才的需求特点

（一）类型需求

市场对"中译外"的需求略高于"外译中"，"外译外"与"复语型"外语人才需求量上升

自从改革开放以来，从走进来，到走出去，到我国出现了两轮翻译高潮。第一轮出现在 20 世纪 80 年代，在对外开放政策的指引下，我国迫切

需要学习国外的先进技术和管理经验，需要了解国外先进的文化和理念。改革开放的高潮引发了人们学习外语的热情，同时各行各业出现了对翻译人员的大量需求。由于这一轮高潮的特点是向国外学习，因此在这一时期，翻译工作主要是把外国资料翻译成中文，而且是从西方主要语种如：英文、德文、法文、日文以及俄文翻译过来。

进入 21 世纪，特别是过去 10 年，我国对外开放格局进一步深化，对外交往日益增多，在对外政治交往、文化交流、对外贸易、科技与能源等方面与世界各国展开了广泛合作。2011 年，中国成为世界第二大经济体，中国经济的蓬勃发展直接触发了第二轮翻译高潮，这一轮高潮的特点是中国经济走出去带动了中译外的增加，中译外首次超过外译中，达到市场工作量的 54%，翻译业出现了里程碑式的变化。尤其 2013 年"一带一路"倡议提出以来，中国对外技术交流、产品输出、文化传播需求驱动发展，作为服务于中外交流的重要人才资源，翻译人才在服务国家发展大局方面发挥了重要作用，影响力日益显著。

根据《中国翻译人才发展报告 2022》，2021 年"中译外"和"外译中"服务内容在语言服务业务中占比分别为 37.1 % 和 37.7%，"外译外"的业务占比 25.2%，较 2019、2020 年分别提升了 10%、5.2%，呈现逐年增长的态势。社会对外语人才的需求呈多元化趋势，单语种外语专业人才已不能完全满足市场需求，熟练掌握多门外语的"复语型"人才需求量上升。

（二）语种需求：常用语种人才需求下降，"一带一路"沿线国家语种人才需求快速上升

近年来，中央机关招录常用语种的翻译人才需求呈现逐年下降趋势。英语翻译人才需求较 2017 年下降 50.8%，法语、俄语、西班牙语和阿拉伯语需求下降 65%。值得关注的是，随着"一带一路"倡议向纵深发展，我国与各国的经济合作和联系快速增长，相关语种翻译人才需求上升。根据《2022 中国翻译及语言服务行业发展报告》，"一带一路"沿线国家的翻译业务量有显著增长，其中，阿拉伯语、俄语、德语、英语和白俄罗斯语为

市场急需的五个语种。匈牙利语、塞尔维亚语、土耳其语、波斯语等"一带一路"沿线国家语种的翻译人才需求增加。

（三）素质需求：从重学历向学历能力并重转变，具备"一专多能"素质的复合型人才需求日益迫切

随着社会和市场经济的发展，各行业的交融日益紧密，学科融合发展成为必然趋势，对复合型人才的需求迫切。以中央机关为例，2021年各单位对复合型人才需求为56.5%，单一型人才需求为43.5%。从近五年趋势来看，复合型人才需求相对较高。首先是外语+外交学、次为外语+新闻传播类的复合型人才。紧随其后的是外语+理工及其他专业需求为12.8%，外语+经济学以及外语+法学的需求均为8.1%。

二、我国翻译人才的分布特点

根据2022年4月1日由中国翻译协会发布的《2022中国翻译人才发展报告》，当前我国翻译服务人员已达538万，根据国家市场监管总局企业注册信息数据，翻译服务企业专职翻译人员约为98万人，比2011年的64万增长53%。兼职翻译人员总规模达到440万余人，较2011年的330万增长33%。翻译从业人员相比十年前总体增加了144万余人，增长近40%，翻译人才队伍增长幅度较大，呈现"年轻化""高知化""梯队化"等特征。然而与翻译人才总量增长相对应的是，高素质、专业化中译外人才以及非通用语种翻译人才依然匮乏，翻译专业教育人才存在严重流失现象。

（一）地域分布：翻译人才呈梯度分布，头部城市聚集效应凸显

全国翻译人才各省市呈梯度分布。北京、上海位于第一梯队，翻译人才分别占28.24%和15.34%，其次是广东省、江苏省、浙江省，占比在5至10%之间。京沪两地翻译人才占43.58%，占比近半，显示头部城市的聚集效应明显。北京是我国的政治文化、国际交往与科技创新中心；上海

则是国际经济与金融贸易中心，两座城市是中国看世界、世界看中国的重要窗口，翻译人才在京沪高度集聚，是服务党和国家对外开放工作大局的重要体现。

（二）结构分布：翻译人才队伍呈现"年轻化""高学历""梯队化"特征

年龄方面，我国翻译人才队伍以 45 岁以下的中青年为主，35 岁及下的专职翻译占 37.5%，36 至 40 岁占 30.8%，构成偏年轻化。教育程度方面，我国专职翻译人才基本为本科及以上学历。其中，35.7% 的专职翻译为硕士学历，8% 为博士学历。从业年限分布方面，形成明显的翻译人才梯队，3 年及以上从业经验的员工占比为 55.8%，1 - 2 年的员工占比为 22.9%，1 年以下工作经验占比为 21.3%。

（三）领域分布：翻译人才领域呈多样化特征，人才储备需求量较大

我国翻译人才对党和国家对外开放大局和对外交往工作起到了重要支撑作用。综合近五年中央机关招录人员数据，各单位共招录翻译人才 1162 人，涉及中央机关及相关事业单位总计 49 个，涉及对外交往事务岗位 340 个。翻译人才在外交部、商务部、中共中央对外联络部、中国外文局、原中央编译局等众多部门均发挥了中坚作用。翻译领域和内容的多样化提高了对翻译人员的素养要求。数据显示，教育培训、信息与通信技术、知识产权是最主要的翻译业务领域，占比分别为 41.1%、40.8%、38.3%，翻译人才储备需求量较大。

第二节　我国翻译人才培养的现状、特点与存在问题

"翻译人才，从根本看是应能促进国家话语权和经济主导权的发展"，中国外文局原副局长兼总编辑、全国翻译专业学位研究生教指委主任委员

黄友义认为。随着我国翻译及语言服务产业规模不断扩大，翻译教育迅猛发展，翻译研究与学科建设关注国家现实发展需求，为国家科技、经济、工农、国防、文教等各行各业培养了大量优秀的翻译高级人才。截至 2021 年底，全国翻译硕士专业（MTI）院校达 316 所，累计招生约 9.7 万余人。全国翻译本科专业（BTI）的院校达 301 所。翻译专题学术活动频繁，近年来翻译研究与学科建设关注讲好中国故事，组织完成中国共产党百年征程对外宣传等时代重要命题，服务于对外话语体系建设，凸显跨学科研究视域和翻译的社会文化价值。

　　然而，在英语不断普及、人工智能技术日新月异的时代背景下，翻译行业面临巨大的挑战。在"一带一路"背景下，需要将中国文化和语言准确地翻译成外文，但能够满足"一带一路"需求的复合型、实用化的职业翻译人才及语言服务人才仍十分缺乏。

一、MTI 翻译专业硕士学位教育的发展与作用

　　进入 21 世纪以来，社会对于翻译专业人才有着急迫需求，在此新形势下，2007 年，国务院学位办适时提出了在研究生阶段培养高层次、复合型、实用性人才的建议，及时推出了翻译硕士专业学位教育。MTI 的出现恰逢其时，是全球化、国际化大潮中我国发展和崛起的必然，是时代的需要，是翻译人才培养的自然趋势。翻译与口译专业硕士学位，英文译名为 Master of Translation and Interpreting，简称 MTI，致力于培养能适应全球经济一体化及提高国家国际竞争力的需要，适应经济、文化、社会建设需要，系统掌握翻译理论知识与研究方法，具有熟练的商务口、笔译翻译实践能力，服务于我国区域经济和发展需求的应用型高层次商务科技翻译人才。首批试点教学单位共计 15 所，包括北京大学、北京外国语大学、复旦大学、广东外语外贸大学、解放军外国语学院、湖南师范大学、南京大学、上海交通大学、南开大学、上海外国语大学、同济大学、厦门大学、西南大学、中南大学、中山大学。经过 15 年的迅速发展，截至 2021 年 11 月，全国翻译硕士专业（MTI）培养单位增加到 316 所，累计招生约 9.7

万余人。MTI 的设置无疑是近年来我国翻译学科发展的一个里程碑式的成果，为我国翻译学的学科发展指明了方向，为我国培养高层次、应用型的专业化翻译人才提供了重要途径①。

二、翻译专业人才就业情况不容乐观

翻译专业硕士学位设立 15 年以来，为我国培养了不少优秀的翻译人才，为我国技术、文化走出去提供语言服务方面做出了较大的贡献。然而，翻译人才的培养一直存在着质量良莠不齐、专业技能不硬等问题，就业情况差强人意。翻译人才的就业方向主要包括翻译公司、出版机构、企业、教育业等，根据《2022 中国翻译人才发展报告》，仅不到一半的翻译专业毕业生从事翻译工作，BTI（翻译与口译学士）和 MTI（翻译与口译硕士）的毕业生中，24.98%在各级学校任教，19.94%的毕业生继续深造，而 22.4%的翻译专业的毕业生离开了翻译行业。进入企业从事翻译工作的翻译专业毕业生仅约占 20%，存在一定的人才流失情况。

究其原因，一是专职翻译对人才的综合素质要求较高，翻译公司在招聘时会全面考量学校、学历、专业以及证书等因素，竞争激烈。二是工作强度大、难度大，学生毕业后在翻译公司做专职翻译，工作内容主要是翻译、审校、编辑等，任务繁重，整天和文字打交道，需要沉得住气，静得下心。尤其如果客户是国外的，还可能需要倒时差交付稿件。三是在大型企业任职的翻译，其外派国不乏非洲、东南亚等欠发达国家和地区，条件艰苦，安全性较低，尤其女生需慎重考虑。四是在外企、中外合资企业、外贸公司等公司从事市场、公关、销售、人力等工作，这些企业对英语水平要求很高，工作语言为英语，平时和客户沟通都是以英文进行，业绩压力比较大，需要有很强的抗压能力。五是教育行业需求少、要求高，大学老师的准入门槛逐年升高，基本上都要求具有博士学位，入职后不仅要承担教学任务，还有做科研的要求；中小学老师要求教师资格证，对师范技

---

① 仲伟合.我国翻译专业教育的问题与对策［J］.中国翻译，2014，（4）：40-44.

能要求高，翻译专业的学生与英语师范专业的学生相比，在教学能力方面缺乏优势；2021 年 7 月开始实施的双减政策对培训机构的打击很大，导致运营艰难，对于翻译人才的吸纳极其有限。最后，在人工智能快速发展的今天，智能翻译的兴起和技术的日臻完善对人工翻译带来巨大的挑战。

三、翻译人才培养存在的问题

（一）高校翻译人才培养与行业工作需求脱节，实践能力弱

在人才培养与市场对接、学生实践能力培养方面问题较为突出。根据《2022 中国翻译人才发展报告》，翻译行业发展存在的主要问题包括：高级翻译人才稀缺、非通用语种人才匮乏、高校教育与实际工作需求脱节，以及人工智能翻译技术不断创新对传统翻译人才培养带来挑战。如下图所示：

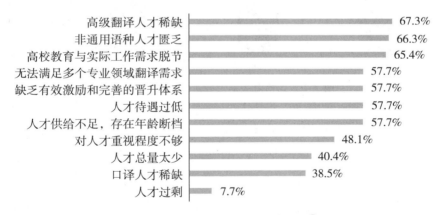

图 7-1 翻译行业发展存在的问题①

尤其 MTI 人才培养某种程度上与翻译市场需求脱节，较少联系语言服务业的实际，MTI 教育未能达到职业翻译教育的目标（穆雷，王巍巍，2011：30）。具体情况则包括，MTI 未能与学术型研究生培养方式合理区分以致忽视对学生实践能力的培养，缺少有效的实践教学基地，实践机会不

① 数据来源：中国翻译协会。

多，学位教育与翻译资格证书考试（CATTI）不接轨等①。这无疑有违开办 MTI 的宗旨，尚待大力改善，以切实提升学生的实践能力，扭转局面。

（二）人工智能翻译技术不断创新对传统翻译人才培养带来挑战

机器翻译在行业的应用越来越广泛，开发有机器翻译与人工智能业务的企业达 252 家；"机器翻译+译后编辑"的服务模式得到市场普遍认同，超九成企业表示，采用该模式能提高翻译效率、改善翻译质量和降低翻译成本。

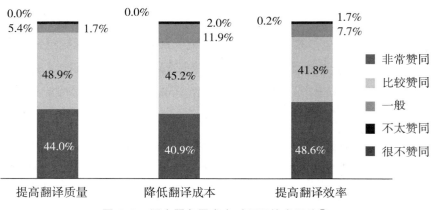

图 7-2　语言服务需求方对翻译技术评价②

为切实贯彻 MTI 教育的宗旨，培养高层次、应用型、专业性口笔译人才，高校应紧密联系翻译产业、突出培养职业能力，尤其应该在 MTI 学生的实践能力培养考核制度方面加以革新和改进。然而，单凭高校一己之力，略显单薄，需要与政府、行业齐心协力，共同营造健康的发展环境。从政府层面，可以推动翻译立法，用法律规范翻译市场；认识翻译职业，确立翻译的职业地位；出台相关政策，鼓励翻译教育的改革。从行业层面，行业协会推动行业自律，规范语言服务市场；推出各种标准，全面改革市场管理；提出用人标准，倒逼人才培养改进；协助高校教育，形成良

① 黄友义. "一带一路"和中国翻译——变革指向应用的方向 [J]. 上海翻译，2017（03）：1-3.
② 数据来源：中国翻译协会。

好用人机制。

第三节　创新翻译人才实践能力培养模式

随着"一带一路"倡议、构建人类命运共同体、中国文化"走出去"等对外政策的深入实施，外语教育教学改革和翻译人才培养进入了一个新的时期，也面临着新形势和新挑战。"一带一路"沿线国家有 53 种官方语言，对不同语种翻译人才的需求空间巨大，尤其是小语种翻译人才匮乏；此外，"一带一路"背景下国家间的交流既有文化沟通，又有技术等专业领域的合作与谈判，这对翻译人才的知识结构和专业能力提出了新的诉求。如何培养符合时代与社会需求的翻译人才，是目前翻译人才培养院校首要思考的问题。中国外文局原副局长兼总编辑、全国翻译专业学位研究生教指委主任委员黄友义指出，中国参与国际治理才刚刚起步，"一带一路"倡议是中国 60 多年来首次提出的一个涉及 60 多个国家的国际合作倡议，让沿线国家民众知晓"一带一路"内涵和意义，很重要的一点是培养懂得当地语言的翻译人才。作为翻译人才的主要培养单位，高校应当全面持续改进教学目标，使之接近市场用人标准；改革翻译教学课程设置，形成有特色的课程体系；改革翻译师资评价标准，促进教师实践能力提高；改革实习实践原有要求，提高学生实践能力；主动联系政府行业企业，发挥各自优势协同合作，积极稳妥地推进 MTI 教育，为我国"一带一路"战略的实施输送更多高层次复合型语言服务人才。

一、"一带一路"建设背景下翻译人才培养的积极探索

为了更好地服务"一带一路"建设，我国高校在翻译人才的培养模式上进行了积极探索。在翻译人才的培养目标方面，同济大学外国语学院陈琳教授认为"一带一路"建设中，高端翻译人才培养要注重培养两个意识，即融通中外话语的意识与顺应时代发展的意识；两种思维即交际翻译

的思维方式与具有国际视野的思维方式；两种能力即注重培养翻译新概念和新术语的能力。在翻译人才培养模式方面，多所高校为对接"一带一路"已启动翻译人才培养新模式，如上海外国语大学高级翻译学院推行"多语种+"战略，探索培养出小语种加通用语言组合的译员。以波斯语本科为例，要求专业学生除了能精通汉语、波斯语外，还需熟练掌握英语。同济大学则采用滚动式模块化培养模式，打造"翻译+专业"特色，将建筑、传媒、法律、典籍等同济四类优势专业与翻译硕士课程相结合，作为学生的专业领域主攻方向。在翻译人才质量保障体系方面，北航的吕晓轩认为"一带一路"倡议的深入施行对特色翻译人才的需求量骤增，因此，翻译人才质量保障体系的构建应以特色人才培养为目标，注重人才的创新能力与实践能力的培养。各类院校应依托自己的特色优势，开设特色翻译人才培养课程，从而建立具有科学性与前瞻性的特色翻译人才培养质量保障机制。

二、翻译人才实践能力培养存在的问题——培养与需求脱节

在翻译人才培养方面，根据《全国翻译硕士专业学位研究生教育与就业调查报告》，用人单位对近些年 MTI 毕业生的能力评价不高，翻译教育培养难辞其咎。一是 MTI 翻译专业研究生培养未能与学术型研究生培养方式予以合理区分，通过对翻译专硕的教学大纲和课程设置进行分析发现，其培养目标和教学内容与学硕同质化现象严重，翻译人才培养脱离职业现实，课程仍以知识传授为主，忽视了学生思辨能力和翻译能力发展过程的培养。二是翻译专业研究生培养缺少有效的实践教学基地，学生缺乏翻译实践机会；三是学位教育与翻译资格证书考试不接轨①。

（一）MTI 翻译专业硕士的实践要求较低，难以满足行业工作需求

《翻译硕士专业学位研究生教育指导性培养方案》中指出，MTI 必须

---

① 黄友义. 服务改革开放 40 年，翻译实践与翻译教育迎来转型发展的新时代 ［J］. 中国翻译，2018，39（03）：5-8.

重视实践环节，强调翻译实践能力的培养和翻译案例的分析，翻译实践需要贯穿教学全过程，要求学生至少有 15 万字以上的笔译实践或不少于 400 小时的口译实践。至于具体的实践要求，各大高校的要求各有不同，如北京外国语大学采用课堂教学与项目翻译相结合的培养模式，要求学生至少有 10 万字以上的笔译实践；上海外国语大学为学生在寒暑假提供为期 6-8 周的短期实习，以及贯穿整个学习时期的实习项目；广东外语外贸大学安排翻译实践贯穿教学全过程；厦门大学要求实习实践时长一般为 3 到 6 个月。尽管对翻译实习实践都有具体的时长要求，但 MTI 要求的 10-15 万字笔译和 400 小时的口译离真正企业所要求的语言服务能力还有相当大的差距。如华为公司翻译中心要求每名入职的译员在成为正式员工之前必须有半年的实习考核期，在考核期内，要求每名员工每天翻译不少于 3000 字，以每月平均工作 22 天的翻译工作量来统计，这些新入职的译员在半年内最低需要完成 40 万字的翻译量才能正式上岗。因为只要达到一定量的积累，初入职场的译员才有可能对某一专业领域有初步认识，并具有独立承担这一领域的翻译能力。如果一名 MTI 毕业生仅有 10-15 万字的翻译实践，离达到"外语/翻译+X"复合型人才的要求仍有很长一段距离。北外、上外、广外这几所高校都是第一批 MTI 翻译专业硕士培养的代表性院校，其实践要求况且不能满足行业要求，还有相当一部分 MTI 培养单位对实习时间或不做规定，或规定得偏短，学生实践的时间和质量更加难以保证。

（二）MTI 翻译专业硕士的实践基地参差不齐，难以保障实习效果

MTI 强调实践和校企合作，因为翻译是一门实践性极强的专业，可粗略地分为接稿、翻译、校对、排版和终审五个流程，而相对比较专业的翻译企业，一般会把每一步进行细化，比如翻译前，会进行译前分析，根据分析制定译者规范，做译前处理，再进行项目安排，项目安排也可以细化为译者组建和项目分配等。翻译中，还会进行项目进度和风险把控管理。稿件经过初审后进入统稿，排版校对后进入复审提交销售，终审后提交客户，并作相应的反馈总结等。其实，越专业的翻译企业，分工越明确，越重视翻译项目管理。因此，学生在校期间如果不能进行全流程的工作实

习，很难在毕业时具备翻译工作所必备的实践能力。正因为翻译工作的复杂性和专业性，校企合作是培养翻译实践能力的关键环节。越是名校实习资源也越好，以北大翻译硕士人才培养为例，根据北京大学翻译硕士专业官网考研介绍，为提高翻译实际操作能力，翻译硕士研究生在校期间将在教育中心的安排下参与翻译实践活动，为就业做好铺垫，实现培养与就业的有效对接。北京大学 MTI 教育中心的实习基地包括：外语教学与研究出版社、中译出版社、知识产权出版社、新华社《参考消息》编辑部、《中国日报》《北京周报》、华为公司、博雅木铎语言服务公司等。北京大学作为国务院学位办授权的第一批翻译硕士（MTI）专业学位研究生培养单位之一，在我国翻译人才培养系统中一直起着先锋示范作用，拥有全国顶级的实践基地资源。然而，部分院校目前还没有或难以找到合适的实践基地合作伙伴，在资源有限的情况下，甚至有些院校的学生不得不寻求家庭资源来提供实践基地。此外，翻译实践基地也没有如同三甲医院一样等级明确清晰的评定标准，翻译实践基地的评级标准尚为空白。因此，在语言服务行业参差不齐的情况下，MTI 学生通过个人资源寻找的翻译实践单位由于缺乏规范化管理，培养效果差强人意。

（三）翻译资格证书要求较宽松，难以满足市场准入条件

全国翻译资格证书（CATTI：China Accreditation Test for Translators and Interpreters）于 2003 年推出至今已近 20 年，是由中国外文出版发行事业局负责实施与管理的一项职业资格考试，已经纳入国家职业资格证书制度，是一项在全国实行的、统一的、面向全社会的翻译专业资格（水平）认证，是对参试人员口译或笔译方面双语互译能力和水平的评价与认定。翻译专业资格（水平）考试开设多个语种，包括英、日、俄、德、法、西班牙、阿拉伯等语种，各语种根据专业能力分设资深翻译、一、二、三共四个级别的口译笔译翻译。CATTI 考试与 MTI 教育紧密衔接，在翻译人才培养上取得了较大成效，在为社会输送大量优秀的翻译人才方面发挥了积极作用。但同时也存在一些问题，如：CATT 考试难度与等级匹配的科学性有待进一步论证；互联网高速发展的新形势下 CATTI 考核内容与语言服务

的需求不够吻合，比如 CATTI 目前考核的重点还是传统的笔译、口译，与新时代语言服务丰富的内涵不能完全吻合等等。MTI 翻译专业硕士对翻译证书的要求偏于宽松，一般只是要求学生在学期间参加口译或笔译资格证书考试，但对获得证书不作硬性要求。此外，翻译资格证书本身并不具备市场准入资格的性质和资质，需要科学研究持续改进。对学生实践后所能达到的能力考核大多通过论文的形式，过程考核几乎可以忽略不计。但也面临非通用语种人才短缺、翻译技术迅速发展、语言服务市场规模逐渐扩大等新的机遇和挑战①。

总之，MTI 人才培养与翻译市场需求脱节，学生的翻译实践能力距离职业翻译教育的目标还有一定差距，无法很好地满足语言服务业的实际需求。这无疑有违开办 MTI 的宗旨，翻译人才培养机制亟待改善，以切实提升学生的翻译实践能力，扭转局面。

三、对接"一带一路"需求的翻译人才实践能力培养策略

（一）加强顶层设计，探索"译教协同，双轨合一，三证合一"的翻译人才培养模式

1. 译教协同：高校协同政府、行业、企业等各方共同参与培养目标的制定、教学模式的改革、专业课程的开发、实践基地的建设、质量保障制度的制定等翻译人才培养的各个环节，通过顶层设计创新供给侧合作育人的模式。

2. 双轨合一：翻译专业的研究生培养与专业化、职业化的翻译从业人员培训相结合。MTI 专硕的培养应区别于学硕，明确其专业化、职业化的培养定位，在深入翻译理论知识学习的基础上，强化实践课程，以翻译项目或任务为导向，切实提高学生的翻译技能；同时，在专业化的实践中，

---

① 崔启亮. 全国翻译硕士专业学位研究生教育与就业调查报告［M］. 北京：对外经济贸易大学出版社，2017.

帮助学生加深对语言服务业的认识和信心，提升他们对翻译职业的认可度和归属感。

3. 三证合一：在"译教协同，双轨合一"的设想下，尝试将翻译专业学位授予标准与翻译职业资格标准有机衔接，通过课程设置巧妙地将翻译理论知识的掌握与实践技能的精通相融合，将硕士研究生毕业证书、硕士专业学位证书授予与翻译专业资格（水平）证书考取三者有机结合，实现三证合一。一方面，高校规范、严格的毕业审批和学位授予流程能在某种程度上促进翻译专业资格（水平）考试的规范化和科学性；另一方面，翻译专业资格考试有助于催生"职业翻译从业人员规范化培训"制度，从而倒逼职业翻译从业人员准入机制的改革，从而提高职业翻译从业人员的总体水平。

（二）规范管理，夯实"校企合作"的翻译人才培养机制

校企合作是翻译人才专业化培养的有效机制，然而多年来雨点大、雷声小，MTI 培养单位和企业要达成合作的呼声高，而有关校企双方的责任与利益、学生遴选的原则、实习内容、经费管理以及实习单位的评级标准等各方面尚未有明确标准，导致校企合作的管理不规范、合作形式单一、培养效果不尽人意①。因此，校企双方需要对实习管理规定进行细化，通过第三方机构对实习单位的资质进行权威认证。目前中国翻译协会已出台对语言服务企业实习基地的认证办法，也推出了一批具有资质的企业，但如何对其进行有效监管、如何确保高校翻译人才培养与翻译职业教育接轨仍需进一步探索。此外，师资问题已成为高校翻译人才培养的一大瓶颈。基于校企深入合作机制，高校教师和企业专家也可以借助校企合作关系实现双向流动，让更多翻译专业教师通过真实的项目运作体验获得更丰富的视角，从而提升教学和科研能力。在当前 MTI 师资严重缺乏的阶段，可以考虑将一线实践经验作为 MTI 教师考核指标或冲抵相应的课时，以此来调

---

① 穆雷，李雯，蔡耿超. MTI 实践能力培养考核制度的改革设想——来自临床医学专业硕士的启示 ［J］. 上海翻译，2018（04）：56-62+95.

动 MTI 教师参与实践的积极性，鼓励更多教师"走出去"。只有教师的实践能力提高了，对语言服务业有一定的认识，MTI 的整体教育水平才有望提高。

（三）借鉴轮岗制度，提升翻译人才实践能力培养的有效性

一般 MTI 翻译硕士的培养周期为两年，其中包括 3~6 个月的实践，实践时间明显不足；此外，传统的翻译教学一般是发放待译文本，学生在课外自行翻译或以小组为单位进行翻译，最后课上学生再轮流介绍自己的翻译"成果"，教师和同学对此发表意见，进行互评，教师提出改进意见。而真实的职场上的翻译流程要复杂得多，包括：寻找翻译项目、获得翻译材料、对翻译工作进行准备、计划和分工、译前准备（预转换和预翻译阶段）、语言转换、译后编辑、译文校对、分批次交稿、结稿、后续工作（结项）、对翻译产品实时跟踪等十余个环节①，分别由不同岗位构成。传统的翻译实践模式忽略了诸多职场上的翻译流程，学生未能在各个岗位实训，对翻译工作缺乏整体观，造成学生毕业后进入市场出现严重的不适应，翻译实践能力无法满足企业需求。

如何在有限的实践时间最大限度地提升学生的翻译技能？作为同样是对实践能力要求很高、职业性极强的专业，翻译人才培养可以借鉴临床医生培养的轮转机制，MTI 学生在实际翻译项目的参与过程中，分组轮转到真实职场上翻译工作的各个核心流程，包括如译前编辑、翻译、译后编辑、校对修改、排版、术语管理等，从而熟悉完整的项目运作流程，对语言服务行业有更为全面深入的认识。此外，制定详细的轮岗实习考核细则，严格管理，MTI 学生在每次轮岗前需有出岗报告和考核，以此促进学生的主动学习和思考；在实习结束时安排实习答辩，对实习内容进行总结和反思，并通过对相关领域的知识进行梳理予以提炼升华；最后，实习单位根据 MTI 学生的实习情况填写鉴定，并在学生完成论文或报告后颁发实

---

① （法）达尼尔·葛岱克. 职业翻译与翻译职业［M］. 刘和平，文锡，译. 北京：外语教学与研究出版社，2011.

习合格证书。

（四）依托信息技术，创新翻译人才实践能力培养模式

翻译人才实践能力培养一直受到实训基地数量有限、等级不明确、实习时间短以及管理制度欠规范等问题的困扰，再加上 2020 年以来受疫情的影响，MTI 人才培养的实践环节受到较大影响。在这样的背景下，越来越多的高校探索在教学和实践中依托信息化技术来优化翻译人才培养模式，教育信息化成为高校翻译专业创新发展的主要手段，基于神经网络机器翻译、翻译大数据、智能 CAT 的教学实训系统在各高校逐步试行。这些智能翻译实训系统以"基于真实项目的学习"为理念，采用"人工智能+区块链+大数据技术"等创新技术，结合外语教学和外语综合应用型人才培养的需求，覆盖外语翻译教学和实践的全场景应用，通过产学研协同创新育人模式，推动语言服务行业紧缺的高级人才培养，助力高校外语翻译专业教学实训，为新文科、大外语建设和新时代人才培养赋能。

其中，"传神智能翻译教学与创新实践平台"作为智慧教育有益实践，已为全国上百所高校提供智能翻译教学实训服务，每年使用平台的学生数量近万人，获得了高校师生广泛的好评和认可。"传神智能翻译教学与创新实践平台"由翻译教学平台、翻译实训平台、翻译实践平台三个部分构成，整体覆盖教学、实训、实践、实习四个环节。项目平台支持十多个语种的教学实训内容，可模拟翻译行业众多场景，为实践提供支撑。在教学上，网络化的教学空间可帮助老师进行课程管理、课件上载、统计与分析作业等，在翻译过程中，老师也可将指导信息和答疑信息公告给整个班级。在学生实践能力培养方面，通过运用平台软件的学习，可强化学生的双语应用能力、CAT 工具应用能力，让学生感受整个翻译及项目管理过程，体验实际岗位角色和职能，掌握翻译相关理论知识的实践运用。

翻译教育的核心是人文素质、职业道德素养与职业技能的培养，而实践教学是培养翻译专业学生翻译实践能力和创新能力的重要环节。随着科技的进步，翻译实践平台智能化、信息化成为翻译创新实践能力培养的发展趋势。作为连接校园与社会的实践桥梁，智能翻译实践平台利用鲜活的

素材，帮助学生掌握翻译实践技能、掌握语料库的创建及在翻译工作中的具体应用，极大地推动了翻译人才 LIT（语言+行业+技术）的能力提升，为构建数据化知识库、创设职业化实训平台、提高翻译专业学生社会职业素养及就业竞争力提供了可行性方案。

第四节　创新"智能+人工"翻译人才培养模式

随着"一带一路"建设向纵深发展，相关行业对翻译人才提出了更多元化、专业化的要求，"当下中国确实迎来了翻译的好时代"，同济大学外国语学院特聘教授吴赟称。语言服务行业最著名的独立市场研究机构 Common Sense Advisory（CSA）发布的《2017 行业调查报告》显示，2016 年全球语言服务外包市场年增长率为 6.97%，市场规模达到 430 亿美元（精艺达翻译公司，2017）。然而，在全球化时代，单靠人工翻译是很难完成数量巨大、种类繁多的翻译任务的，智能翻译（也称机器翻译）为解决这一难题提供了强有力的帮助。随着全球化进程的加快及互联网的飞速发展，智能翻译技术在促进经济、政治、外交、文化交流等方面起到越来越重要的作用。语言智能是指语言信息的智能化，即运用计算机信息技术模仿人类语言的智能，分析和处理人类语言的科学[①]。智能翻译旨在运用计算机信息技术让机器能够理解、分析和处理人类语言，实现人机之间的语言交互。

但让人始料未及的是，人工智能（AI）的发展速度令人震惊，尤其智能翻译的日益普及化给人们带来了一种错觉，似乎人工翻译已经、或者即将被智能翻译全面取代，这让不少语言服务业的从业人员担心外语、翻译专业和自己的职业发展。那么，在智能翻译发展如此迅猛的今天，学生还需要学习外语吗？人工译员是否即将失业？面对智能技术的冲击，传统翻

---

① 周建设，吕学强，史金生，张凯. 语言智能研究渐成热点［N］. 中国社会科学报，2017-02-07（003）.

译行业的各个角色究竟如何自处，翻译人才培养未来的出路在哪里？面对这些问题，高校翻译人才培养单位必须紧随时代发展的潮流，紧扣教育部提出的新文科建设要求，充分利用教育信息化，创新高校翻译人才"智能+人工"的培养模式。

一、人工翻译与智能翻译的界定

（一）翻译的内容、场景、用途

随着技术的快速发展，AI 时代已然来临，各行各业都发生巨大变革，翻译行业也不例外，翻译已然成为由"语言转换""国际传播""信息技术""专业知识"结合而成的复杂工作，职业翻译也出现了知识专业化、技术现代化、任务快速化、质量标准化和工作团队化等特征。要讨论人工翻译是否将被智能翻译取代，首先要明确翻译的范畴，从翻译形式上看，既包括笔译形式的翻译，又包括口译形式的翻译；从译文内容上看，可以是一篇文章，一段对话，也可以是严谨的翻译服务，如商业合同、产品操作指南、法庭判决等。从译文用途上看，有的应用场景对翻译质量要求较为严苛与严谨，有的则较为宽松。例如，翻译高科技的相关资料时，对翻译的准确性要求就非常高，绝不能因为译者的个别疏忽或误译，进而导致设备故障乃至事故的发生。但如果是日常交流，就算翻译错误也不会有灾难性后果，最多带来误解、贻笑大方。因此，在讨论"智能翻译能否取代人工翻译"的时候，得先确定取代哪部分内容、在何用途、在何场景更适合智能翻译，而哪些仍然更需要人工翻译。如果不论场景和用途，笼统地说智能翻译要全面取代人工翻译，无论是在理论上还是技术上，无论过去、现在、还是未来，都是不可能的。根本原因在于，现有的智能翻译技术是通过对语料进行"学习"，用人工智能的方法输出结果，而并非机器理解了所需要翻译的内容，然后再输出结果。机器并不理解人类语言，在这种意义上，不能将机器翻译"神"化。

（二）严谨的人工翻译

作为语言服务领域的专家，博芬（Boffin）联合创始人、总裁赵杰先生，在创办博芬之前曾是航天部中国空间技术研究院的通讯工程师，他结合自身丰富的行业经验，对"严谨的人工翻译"的定义进行了廓清。他认为语言服务行业主要承接商业翻译业务，属于"严谨的人工翻译"。翻译业务的客户往往是各种公司，翻译内容往往包含核心的技术、商业等机密信息，这些公司一般都不会、也不敢将其营销材料、技术手册等重要内容直接用机器翻译就交给用户，因为即使大部分内容是正确的，但极小的翻译错误往往会对公司自身的信誉造成不良影响或者带来巨大的经济损失，甚至导致非常严重的法律后果。如果涉及国际政治、经济和文化的交流，由于词语的多义性、细微的感情色彩差别等，差之毫厘谬以千里，机器翻译的微小错误甚至可能导致一些地缘政治问题。因此，业内专家普遍认为笼统地讨论类似"机器能否取代人"或"智能翻译能否取代人工翻译"的问题，意义并不大。

为倾听不同的声音、了解相关行业不同角色对智能翻译与人工翻译关系的理解，笔者就智能翻译是否能取代人工翻译的问题，先后采访了曾在谷歌、百度、B站、小红书、去哪儿等公司任职的刘同学、黎同学，创建景行锐创的郑同学，以及"一带一路"出海企业中南院海外部的张总等，他们中有些人在高科技互联网行业工作，有的创建面向企业的大数据和人工智能平台研发的软件公司，有的是直接带领企业走出去的企业高管，在工作中与外语密切相关，使用智能翻译软件较多，因此他们的观点具有一定代表性。他们认为，尽管智能翻译技术发展很快，但其实专业翻译还是有市场的，比如科技产品资料的翻译，百度谷歌翻译不尽如人意，都需要人来优化译文，设定行业术语、语法规范以及行业语境。

因此，所谓的智能翻译取代人工翻译，实际上就是机器翻译取代了部分非必要的、非严谨的人工翻译。例如出国旅游，在没有译员作导游的情况下，用智能翻译软件进行导航与日常交流是完全可行的。因为翻译的目的只是对路标、菜单、商品介绍等略知一二即可，即使出错，最多是绕了路、点错了菜、对商品性能有误解等，后果并不严重。在这些情况下，智能翻译完全能够取代人工进行翻译，因为这种翻译本来就是非必要、非严谨的。

二、智能翻译的不足与优势

不可否认，智能翻译技术日益更新，势不可挡，但翻译职业仍将存在，只是主体和形式可能会发生变化（刘和平、梁爽，2019）。换句话说，AI 时代并不意味着翻译职业或语言服务的消失，根据《2017 全球 100 强语言服务提供商》发布的信息，全球翻译服务市场的整体规模为 450 亿美元，而其中机器翻译所占的市场规模目前仅仅为 3 亿美元①；即使预计到 2023 年将达到 10 亿美元，智能翻译的占比仍然不足 2%。数据表明需要外包的翻译业务往往需要更为严谨的翻译，所以仍为人工翻译为主。这也从另一个侧面证明了人工翻译的优势与不可取代性，之所以经常会有各种各样的媒体或人士发声，表示人工翻译要被智能翻译取代等观点，往往是大众对严谨的人工翻译与智能翻译的情况并不了解。此外，还有一个重要原因是对技术存在一定的误解，盲目地崇拜技术。部分智能翻译机器的制造商、软件开发商，抑或媒体，往往会将智能翻译"神"化，认为机器翻译产出结果的质量高于人工翻译水准，将来也一定会取代人工翻译，这种观点是比较片面的。从目前已有的用户体验和研究来看，智能翻译仍然存在一些不足。

（一）智能翻译的不足

1. 智能翻译的结果缺乏稳定性

智能翻译具有自动化程度高、速度快、成本低等特征。然而，智能翻译不能表达人际意义和语用意义，不能准确理解并翻译源语文本中语义内

---

① 机器人 e 资讯. 2017 年全球服务机器人市场规模或达 450 亿美元［EB/OL］.（2017-02-01）［2019-03-15］. hops：//www. sohu. com/x/125337178 505897.

涵丰富的语句，如成语、俚语、格言等。智能翻译具有"二度模仿"特征，在翻译策略和方法应用、语言应用方面缺乏个性和创造性，因为机器翻译的译文文本中许多词汇和句子结构都来自双语对齐语料库①。目前市场上存在各种各样的智能翻译系统，基本都是基于神经网络技术学习语料从而给出翻译结果。不足的地方就是无法提供一个稳定的结果。因为机器不理解所输出的内容。经常可以看到这种情况：第一句机器翻译的结果非常好，很多专业的人工翻译恐怕都翻不出这种结果。但是，第二句就有可能完全不知道在说什么，没人能看懂这个翻译结果。因此智能翻译也常被调侃为是人工智能和人工智障的结合体。博芬（Boffin）联合创始人、总裁兼 VideoLocalize CEO 赵杰先生从事语言服务多年，本人又是技术工作出身，从事过航天通讯、软件开发等工作，对神经网络机器翻译和 AI 技术有比较深入的研究。他认为，就目前技术看，智能翻译想真正做到"人工智能"，还有较大差距。机器并不理解所翻译的内容，而且目前还没有任何技术能够让机器理解人类语言。

2. 智能翻译的内容缺乏准确性

但是，对于那些全新专业领域、高端技术类的文本，由于语料库的建设相对滞后，因此，在这些材料的翻译方面，智能翻译尚无法替代人工翻译，机译的质量并不是很高，离理想的目标——即达到高级译员的翻译水准仍相差甚远，并给机译件的人工审校和修改带来了相当大的工作量。

21 世纪以来，许多科学家采用多种技术和方法来提高智能翻译的质量，但实际效果并不是很理想。制约智能翻译译文质量的瓶颈在于无论智能机器有多高级，有多像人，但在认知能力方面，目前机器还是无法与人比拟的。因此，机器翻译仅能反映语言语境，无法体现情境语境和文化语境。一些专家认为，智能翻译的译文质量要达到人译的水准，就必须解开大脑处理语言信息之谜。早在 20 世纪 90 年代，中国科学家及未来学家周海中教授就指出，在人类尚未明了大脑是如何进行语言的模糊识别和逻辑判断的情况下，对那些修辞和文笔风格要求高、情感色彩浓重、文化差异

---

① 　胡开宝，李翼. 机器翻译特征及其与人工翻译关系的研究［J］. 中国翻译，2016，（5）：10-14.

较大的文本，机译要想达到"信、达、雅"的程度是不可能的。

（二）智能翻译有助于人工提高翻译效率

智能翻译优势之一是机器可以高效地完成海量的翻译任务，这是人工翻译无法比拟的。面对时间紧急、翻译量大、专业化程度高等任务，智能翻译系统是很好的助手，特别是那些可程序化、重复率高、记忆量大的任务可以交给机器完成，其效率和质量相对更有保证。"一带一路"给中国带来巨大挑战的同时，也给智能翻译技术平台带来了新的发展机遇。就目前在线机译而言，美国的谷歌翻译可提供 103 种语言（包括不少小语种）之间的即时翻译，支持任意两种语言之间的字词、句子、文本和网页翻译；而美国的微软翻译可提供 60 多种语言的即时互译，每天都要处理约 2000 亿次的翻译请求；另外中国的百度翻译可提供 28 种热门语言的即时互译，每天响应过亿次的翻译请求。随着语言智能技术发展，智能翻译的质量越来越高，尤其在垂直领域的翻译和汉外翻译方面，智能翻译的表现往往不输于人工翻译。单就翻译速度而言，人工翻译无法与机器翻译相提并论。

诚然，对于人工翻译效率的质疑和对智能翻译准确性的争论一直存在。随着智能翻译质量的提高，严谨的人工翻译领域也会使用机器翻译。但目的并非取代人工翻译，而是帮助人工提高效率。职业译者或者专业人士在翻译文稿之前往往先过一遍机器，然后再对结果进行人工校对。这种情况和二十年前出现的计算机辅助翻译 CAT 技术并没有本质的区别，都是机器辅助人工提高效率。要想确认智能翻译的结果是否正确，目前只有一个办法：通过人工翻译进行检查。这也是为什么众多专家认为智能翻译全面取代人工翻译现在不可能、将来也不可能的根本原因。他们的研究发现为翻译行业的发展提供了新视角与新思路。科技的发展和智能翻译的出现并不是洪水猛兽，时代潮流滚滚而来不可逆，智能翻译技术发展如此之快，翻译相关行业既不能消极面对、避而远之，也不能关门造车、听之任之，而是应该积极转换思路，拥抱时代的馈赠和技术发展带来的便利。其实 AI、大数据和英语一样，其实都是工具，关键要看人的思路，如何用好这些工具，提高效率，提高准确性，促进人类文明、文化的交流、融合与共同发展，构建人类命运共同体。

三、智能翻译对 MTI 人才培养的挑战与启示

AI 技术的发展对于翻译职业是危机还是机会？翻译人才的培养该如何改革以迎接 AI 时代带来的强烈冲击？对此，不少专家学者提出了自己的真知灼见。

（一）调整翻译人才培养目标，强调双语翻译能力与语言智能技术能力并重

AI 时代对职业翻译提出了更高的要求，翻译行业对从业人员的要求已经超越传统意义上的口笔译，要求从业人员具备 IT 技能、项目经验、翻译技术、术语管理和翻译管理等多项技能①。中国译协公布的《口笔译人员的基本能力要求》将译者需具备的能力划分为五个板块：（1）使用源语言和目标语言的语言文字处理能力；（2）研究、信息获取和处理能力；（3）文化能力；（4）技术能力；（5）领域能力。其中，技术能力指的是能够利用技术资源，包括使用工具和信息技术系统支持整个笔译或口译过程，来完成翻译过程中的各项技术任务的知识、本领和技能②。可见，在语言智能发展背景下，翻译人才培养目标必须进行相应改革，增设适应智能翻译快速发展的相关技术和专业领域能力，从而有效对接语言智能发展需求。

上海外国语大学语料库研究院的院长胡开宝教授认为，语言智能发展以通晓语音识别、语音合成、双语语料加工、双语语料库研制等的人才为支撑，他们不仅应具有扎实的语言基础，还需掌握自然语言处理、计算语

---

① 仲伟合，赵田园.中国翻译学科与翻译专业发展研究（1949-2019）［J］.中国翻译，2020，41（01）：79-86.
② 中国翻译协会.《口笔译人员基本能力要求》征求意见通知［EB/OL］.（2017-09-29）［2019-03-15］.

言学、语料库语言学等相关领域的知识①。然而，我国 MTI 人才培养以学生的语言基本功和翻译能力为重心，很少向学生系统传授计算语言学、自然语言处理、语料库语言学等方面的知识，显然不能满足语言智能发展对人才的需求。

值得注意的是，国内部分院校已开始重视翻译人才培养体系中语言技术能力的培养。以北大翻译硕士人才培养为例（北京大学是国务院学位办授权的第一批翻译硕士（MTI）专业学位研究生培养单位，在我国翻译人才培养系统中一直起着先锋示范作用），根据北京大学翻译硕士专业官网考研介绍，MTI 学位项目的培养目标是：通过对研究生进行系统的教育与训练，使其掌握扎实的双语转换与语言技术实用能力，获得丰富的语言服务管理经验，成为符合国家翻译专业资格认证标准，符合语言服务行业需求的应用型、复合型高级语言服务及管理专才。从培养目标的表述上看，强调培养两种能力，即双语转换与语言技术实用能力，突破了传统以双语翻译能力为核心的人才培养目标。

展望未来，MTI 翻译专硕人才培养应适当调整，将培养目标定位为培养具有语言智能相关专业知识和技能的高层次翻译人才，要求学生毕业时不仅具备翻译专业知识和技能，而且掌握语言智能相关专业知识和技能，包括语料库建设及其应用的知识和技能、译前编辑与译后编辑的知识和技能、机器翻译质量评估的知识和技能等。

（二）改进翻译人才培养的课程设置，增设语言智能翻译课程

面对"一带一路"给翻译市场带来的契机，除了将持续关注学生语言能力和国际化视野的培养，同时应注重培养翻译项目管理能力、机器辅助翻译能力以及中译外的翻译能力。然而，现有翻译人才培养方案和课程设置鲜有涉及语言智能相关领域的知识。尽管大部分 MTI 培养单位开设了计算机辅助翻译课程，但课程教学仅局限于翻译技术的技能培训，很少开展

---

① 胡开宝，田绪军. 语言智能背景下的 MTI 人才培养：挑战、对策与前景 [J]. 外语界，2020，（2）：59-64.

语料库、术语库建设与应用等培训，有关传授语音识别、语音合成、机器翻译等语言智能领域知识和技能的课程更是凤毛麟角。

仍以北大翻译硕士人才培养为例，尽管 MTI 学位项目的培养目标强调双语转换与语言技术实用能力两种能力。但从课程介绍上看，主要课程包括：文献查找与论文写作、英汉文本编译、近代翻译史与翻译理、翻译技术实践基础、英汉笔译、汉英笔译、中国与西方的翻译传统、英语口译基础、译本比较与正误、语言服务管理研究方法、语言服务项目管理等。其中，11 门课程中"文献查找与论文写作"属于语言综合运用能力，"语言服务管理研究方法""语言服务项目管理""语言服务管理研究方法"属于语言服务管理能力，其余的 8 门课程中着重培养语言技术实用能力的课程仅有"翻译技术实践基础"。

表 7-1　北大 MTI 翻译硕士课程设置

培养能力目标	开设课程
双语转换能力	英汉文本编译、近代翻译史与翻译理论、英汉笔译、汉英笔译、中国与西方的翻译传统、英语口译基础、译本比较与正误
语言技术实用能力	翻译技术实践基础

如表 7-1 所示，虽然课程设置受实践实习条件、师资能力等制约具有一定滞后性，但从一定程度上仍然反映了目前翻译人才培养的不足之处，课程体系通常由外语语言知识与能力课程、翻译知识与能力课程组成，课程设置上与技术，尤其日新月异的 AI 技术之间的对接不够。在语言智能背景下，翻译人才培养应当在强调翻译理论教学与翻译实践相结合的基础上，注重语言智能相关领域知识与技能的传授，增设语言智能相关领域的课程。主要可以分为两大类：

一是以语料库建设为目标的课程，比如语言智能基础、自然语言处理、语料库基础以及双语语料库建设与应用等课程，帮助学生掌握语言智能的基本原理，把握语言智能的发展趋势，了解语料库建设与应用的基本方法和路径，并能直接参与语料库建设实践。

二是以改进智能翻译质量为目标的课程，包括机器翻译基础、译前编辑和译后编辑等课程，以帮助学生掌握机器翻译原理、译前编辑和译后编辑的原则和要求，深入认识机器翻译的基本特征，主动介入机器翻译实践，提高机器翻译的质量，以增强学生的职业竞争力，拓宽毕业生的就业渠道。

（三）建设复合型师资队伍，满足语言智能发展需求

培养翻译人才的最大挑战不是AI，而是翻译教学本身存在的问题，尤其对MTI教师的素养提出了更多更高的要求和挑战。近年来，利用语言智能技术研发的教学平台或软件逐渐应用于MTI教学，这要求翻译专业的教师熟谙语言智能的属性、语言智能应用的具体领域及其局限性。但是，从教学理念上，不少教师被传统外语教学模式"套牢"，翻译专业学习被认为只是为了获得"知识"，上课教师讲、学生听，考试比拼记忆，忽视了学生母语和外语基本交际能力的培养，与翻译实践能力、思辨能力和创新能力的培养相去甚远。另一方面，许多教师对语言智能技术及其应用了解不足，视AI智能技术为洪水猛兽，固守一隅，无力也无心改变传统的翻译人才培养模式，在教学中应用语言智能产品时往往手足无措。智能化网络教学平台能给学生提供反馈意见和学习建议，教师却很难借助智能化平台对学生的学习提供更加详细、有针对性的建议。再者，目前有些专门领域的机器翻译系统已经达到较高水平，而MTI教师因对机器翻译的原理和特征知之甚少，不能给予学生准确指导，无法使他们在合理利用机器翻译的同时提高翻译能力，导致专业实力强、训练有素、经验丰富的高端翻译人才数量严重不足。

为应对智能时代师资力量不足的问题，翻译人才培养单位应在以下三个方面加大师资建设。一是扩充师资队伍，大力引进掌握语言智能相关专业知识和技能的复合型外语专业人才；二是加大培训力度，组织现有教师通过在职攻读相关专业学位和国内外研修的方式，掌握语言智能相关专业知识和技能，提升教学能力和水平；三是组建跨学科教学团队，推动翻译学、语言学、计算机科学及其他相关专业背景教师协同共事，发挥合力培

养语言智能时代所需的翻译高级人才。

当下国内外语教育界已形成基本共识，传统的以语言技能为主的纯语言型人才培养模式已经落伍，已不能满足"一带一路"建设需求。毫无疑问，在机译技术的助力下，"一带一路"将会跨过语言关，为构建人类命运共同体作出应有的贡献。翻译人才的培养应当未雨绸缪，转变理念，深刻认识到语言智能发展带给翻译人才培养的挑战，积极探寻应对策略，着力培养通晓外国语言知识和文化、掌握语言智能基础知识及相关能力、具有较强翻译能力的高端 MTI 人才，在翻译人才的培养方案、课程设置、教学模式和师资队伍建设等方面采取相应对策，努力构建适应语言智能发展需求的翻译人才培养体系，培养满足"一带一路"建设需求、适应新时代国际传播需要的人才队伍，为提升国家国际传播能力奠定坚实的基础。

结　语

一、主要研究内容与总结

湖南省人民政府办公厅印发的《湖南省对接"一带一路"倡议推动优势企业"走出去"实施方案》中强调，要推动湖南"走出去"智库建设，加大对重点国家和地区发展倡议、政策、产业、市场等方面研究，为湖南省企业"走出去"提供支撑。在此背景下，研究者将工作经历、研究兴趣与前期基础结合起来，经与导师反复探讨，最终确定了"'一带一路'建设背景下语言教育"这一研究方向。在阅读了大量文献的基础上，聚焦于湖南"走出去"企业对不同类型与层次语言人才的需求，并从供给侧结构调整的视域，探讨高校人才培养、社会培训机构与相关职能部门组织的语言培训供给与企业需求之间的对接问题。

纵观全文，本研究的主要工作和创新点如下：

（一）深入企业开展调研，获取一手资料，了解真实需求

运用调查法与文本分析法，以《湖南省对接"一带一路"倡议规划行动方案（2015—2017 年）》等省委省政府的政策文件为依据，仔细梳理项目清单，与导师及专家多次研讨，选取了湖南省六家实施"走出去"倡议、积极响应"一带一路"倡议的企业作为调研主体，分别是：中南勘测设计研究院、中建五局、水电八局、隆平高科、建工集团与中联重科。精

心设计了《湖南出海企业语言能力需求调研》。调查内容聚焦于语言能力的需求，从出海企业语言需求、出海企业员工语言能力现状以及语言人才培养机制现状这三个方面开展全面充分的调研，通过问卷调查与深度访谈获取了大量的一手资料与真实案例，全面、深入地了解了出海企业的语言需求。

随后，科学分析了语言能力在性质与种类两个维度的多样性需求，研究发现，出海企业亟须高层次复合型专业语言人才、对"一带一路"沿线小语种人才的需求增长迅速、对本土普及型汉语人才也有一定需求；而出海企业的员工，则对语言培训有着强烈的现实需要。而在语言培训的供给端，存在的问题主要为：语言培训组织滞后，不能达到预期效果；语言培训模式固化，工作沉浸式学习模式较少；语言培训路径狭隘，较少运用信息化网络教育资源；语言培训的组织机构单一，仍以公司内部为主。从调研得到的需求与供给现状看，在语言教育方面存在严重的供需失衡。

（二）服务于"一带一路"的语言教育需要双管齐下，内外并举

"一带一路"作为国家倡议，各行各业积极响应，尤其大中型企业积极谋略在沿线各国投资办厂、建设工业园区、大力开展技术、资本与劳务输出。而与此相对应的是我国教育业的相对滞后，这其中固然有人才培养周期较长、师资缺乏等客观原因，但时不待我，出海企业强烈的语言能力需求必将倒逼语言教育的改革，各级部门与各类学校必须积极行动起来，协同组织，创新语言教育的思路与机制，实现高校语言人才培养与在职员工语言培训双管齐下。语言人才的培养从培养的时间上看，可分为职前培训与职后培训两条时间线，从培养的责任主体上看，可分为高校语言人才培养和企业在职培训两个阵地。从培养的对象看，可分为中方员工与外方员工两类人群。研究认为，语言教育供给侧改革必须分别从职后培训与职前培训两条时间线、企业在职培训与高校人才培养两个阵地、外语教育与对外汉语教育两个方向进行。

（三）针对"一带一路"建设背景下出海企业的语言现实需求，创新提出语言培训的三个原则：需求为先、适用为要、联通为本

语言开路，文化融合，民心相通，才能更加地促进"一带一路"倡议地顺利实施。具体策略方面，在职语言教育需要：1. 加强顶层设计，推进共建"一带一路"教育行动；2. 深入调查研究，制定服务"一带一路"的语言教育规划；3. 拓展教育渠道，构建"一带一路"语言人才新型培养体系；4. 创新教育模式，培养"一带一路"建设亟须的语言人才；5. 调动民间教育资源，满足不同人群的语言教育需求；6. 运用信息教育手段，构建网络培训平台。高校语言人才培养方面：1. 通过新增亟须的语言专业，实施"一带一路"语言人才培养计划；2. 调整国家外语建设规划，形成良性的语言能力建设循环体系；3. 改革人才培养模式，提升语言专业人才的翻译能力；4. 对内推动外语学科转型，培养多元复合型人才；5. 对外加强合作办学，培养汉语语言服务人才，为湖南省对接"一带一路"建设培养高质量的各类各层次语言人才。

二、不足之处与未来展望

据统计，截至目前，我国拟赴"一带一路"沿线国家进行共建布局的企业已达 110000 余家，无语言沟通障碍的企业少之又少，构建"一带一路"语言服务和语言人才培养宏大倡议工程任重道远。从更为长远的国家发展战略角度看，经济合作与人文交流是"一带一路"建设之两翼，语言国情研究和语言服务及语言人才培养工程不仅可以解决"一带一路"倡议的各项经济建设的语言能力问题，也是随之而来的人文交流的基础工程，更是在国际舞台展示中国国家实力的一项基础工程。"中国的发展离不开世界，世界的发展也需要中国"。出海企业语言需求与培训现状调查让研究者深深体会到这个道理。无论从外语非通用语的需求大量增长来看，给是从当下汉语热的驱动力来看，都离不开"一带一路"倡议下中国与世界在基础能源领域、金融贸易领域以及通商物流领域和文化交流领域的合作

发展。在与"一带一路"沿线国家的互利互惠中语言需求呈现出多元化和汉语地位提升的局面。

本研究期待能对我国外语能力提升提出建议与决策咨询，使外语教育能更好地服务"一带一路"倡议、服务新时代社会经济发展的需要、服务企业发展的人才需要。但是由于时间与研究能力有限，在人工智能高速发展的今天，如何创新"智能+人工"翻译人才培养模式，以有效培养满足"一带一路"建设需求、提升国家国际传播能力的外语人才，这还有待于今后进一步研究。本研究作为博士后研究的工作成果，得到了湖南省教育科学研究院、湖南师范大学的大力支持，湖南省教育厅原厅长、博士生导师张放平教授一直关心本研究的进展情况，为整体研究思路和调研工作提供了非常具有指导意义和价值的意见和帮助，湖南师范大学辛继湘教授为研究内容与学术规范提供了非常细致和专业的指导。本研究也是湖南省语言文字应用研究项目和湖南第一师范学院外国语学院英语省级一流专业建设的成果，感谢湖南省教育厅、湖南省语言文字工作委员会以及湖南第一师范学院的大力支持与指导。本研究深入企业行业开展了大量调研，在此过程中得到了湖南省商务厅、中南勘测设计研究院、中国建筑第五工程局有限公司、湖南省建筑工程集团总公司、中联重科股份有限公司、袁隆平农业高科技股份有限公司、中国水利水电第八工程局有限公司以及湖南开放大学的大力支持。在研究过程中，身为高校教师，深深地感受到了来自企业行业对高质量外语人才培养的强烈呼声，感受到了"一带一路"建设给年轻一代带来的希望与机会。作为教师与研究者，路漫漫其修远兮，任重而道远。

参考文献

［1］蔡莲红. 现代语音技术基础与应用［M］. 北京：清华大学出版社，2003.

［2］俞佳乐. 翻译的社会性研究［M］. 上海：上海译文出版社，2006.

［3］鲍刚. 口译理论概述［M］. 北京：中国对外翻译出版公司，2011.

［4］（法）达尼尔·葛岱克. 职业翻译与翻译职业［M］. 刘和平，文锡，译. 北京：外语教学与研究出版社，2011.

［5］吴军. 智能时代［M］. 北京：中信出版社，2016.

［6］崔启亮. 全国翻译硕士专业学位研究生教育与就业调查报告［M］. 北京：对外经济贸易大学出版社，2017.

［7］刘和平. 翻译能力发展的阶段性及其教学法研究［J］. 中国翻译，2011，（1）：37-45.

［8］刘和平. 翻译能力发展的阶段性及其教学法研究［J］. 中国翻译，2011，（1）：37-45.

［9］穆雷，王巍巍. 翻译硕士专业学位教育的特色培养模式［J］. 中国翻译，2011，32（02）：29-32.

［10］肖史洁，周文革. 论 MTI 培养方案增设译后编辑课程［J］. 海外英语，2011，（1）：112-113.

［11］仲伟合. 我国翻译专业教育的问题与对策［J］. 中国翻译，2014，35（04）：40-44.

［12］高健. 新"丝绸之路"经济带背景下外语政策思考［J］. 东南大学

学报（哲学社会科学版），2014，（04）：125-128+136.

[13] 冯全功，张慧玉. 全球语言服务行业背景下译后编辑者培养研究 [J]. 外语界，2015，（1）：65-72.

[14] 王克非，秦洪武. 论平行语料库在翻译教学中的应用 [J]. 外语教学与研究，2015，（5）：763-772.

[15] 李宇明. "一带一路" 需要语言铺路 [[J]. 中国科技术语，2015，（6）.

[16] 魏晖. "一带一路" 与语言互通 [J]. 云南师范大学学报（哲学社会科学版），2015，（04）：43-47.

[17] 沈骑. "一带一路" 倡议下国家外语能力建设的倡议转型 [J]. 云南师范大学学报（哲学社会科学版），2015，（05）：9-13.

[18] 赵世举. 全球竞争中的国家语言能力 [J]. 中国社会科学，2015，（03）：105-118.

[19] 赵世举. "一带一路" 建设的语言需求及服务对策 [J]. 云南师范大学学报（哲学社会科学版），2015，（04）：36-42.

[20] 谢倩. 当代英国语言战略探析及借鉴 [J]. 外语界，2015，No. 169（04）：74-80.

[21] 胡开宝，李翼. 机器翻译特征及其与人工翻译关系的研究 [J]. 中国翻译，2016，（5）：10-14.

[22] 王辉王亚蓝. 2016. "'一带一路'沿线国家语言政策概述" [J]. 北华大学学报（社会科学版）. 2016，（2）：23-27.

[23] 连谊慧. "'一带一路'语言问题" 多人谈 [J]. 语言倡议研究，2016，1（02）：61-67.

[24] 曹思佳. "一带一路" 建设的语言需求及对外语人才的新要求 [J]. 海外英语，2016，（23）：23-24.

[25] 孙吉胜. 国家外语能力建设与 "一带一路" 的民心相通 [J]. 公共外交季刊，2016，（03）：53-59+124-125.

[26] 朱一凡，王金波，杨小虎. 语料库与译者培养：探索与展望 [J]. 外语教学，2016，（4）：91-95.

[27] 文秋芳."一带一路"语言人才的培养［J］.语言倡议研究，2016，（02）：26-32.

[28] 冯志峰.供给侧结构性改革的理论逻辑与实践路径［J］.经济问题，2016，（02）：12-17.

[29] 陆俭明."一带一路"建设需要语言铺路搭桥［J］.文化软实力研究，2016，（02）：31-35.

[30] 唐茜，陈政，洪敏，刘杰，彭文武.湖南对接"一带一路"倡议面临的主要问题及实施路径［J］.湖北职业技术学院学报，2016，（04）：11-14.

[31] 刘凝，蔡纯."一带一路"倡议背景下湖南的发展难点及对策［J］.湖南广播电视大学学报，2016，（01）：63-66.

[32] 邢欣，邓新."一带一路"核心区语言倡议构建［J］.双语教育研究，2016，（01）：1-8.

[34] 王洪元.论"一带一路"倡议机遇下的湖南开放型经济发展［J］.湖南社会科学，2017，（02）：155-159.

[35] 朱雷，王毅."一带一路"视域下高职语言人才培养体系构建［J］.职教通讯，2017，（08）：22-27.

[36] 赫琳，谭昭.古代丝绸之路语言服务对"一带一路"建设的启示［J］.文化软实力研究，2017，（01）：41-50.

[37] 黄友义."一带一路"和中国翻译——变革指向应用的方向［J］.上海翻译，2017，（03）：1-3.

[38] 黄友义.服务改革开放40年，翻译实践与翻译教育迎来转型发展的新时代［J］.中国翻译，2018，39（03）：5-8.

[39] 穆雷，李雯，蔡耿超.MTI实践能力培养考核制度的改革设想——来自临床医学专业硕士的启示［J］.上海翻译，2018，（04）：56-62+95.

[40] 徐海宁，邓朝晖，席鸿."一带一路"倡议下语言人才培养问题与对策［J］.未来与发展，2018，42（08）：83-86.

[41] 刘和平，梁爽.人工智能背景下笔译的学与教［J］.东方翻译，

2019，（2）：19-26.

［42］ 胡开宝，田绪军. 语言智能背景下的 MTI 人才培养：挑战、对策与前景［J］. 外语界，2020，（2）：59-64.

［43］ 仲伟合，赵田园. 中国翻译学科与翻译专业发展研究（1949-2019）［J］. 中国翻译，2020，41（01）：79-86.

［44］ 李宇明. 试论个人语言能力和国家语言能力［J］. 语言文字应用，2021，No. 119（03）：2-16.

［45］ 习近平. 携手推进"一带一路"建设. 在"一带一路"国际合作高峰论坛开幕式的讲话［N］. 人民日报，2017-05-14（06）.

［46］ 李宇明. 国家的语言能力问题［N］. 中国科学报，2013-02-25（007）.

［47］ 文秋芳. 以语言资源调查推动国家语言能力提高［N］. 中国社会科学报，2014-03-26（B05）.

［48］ 李佳，李静峰. "一带一路"需要语言服务跟进［N］. 中国教育报，2015-07-15.

［49］ 周建设，吕学强，史金生，张凯. 语言智能研究渐成热点［N］. 中国社会科学报，2017-02-07（003）.

［50］ 湖南省人民政府. 湖南省对接"一带一路"倡议行动方案（2015-2017）［EB/OL］. http：//www. hunan. gov. cn/szf/hnzb/2015/2015nd18q/szfwj_ 99065/201509/t20150928_ 4701518. html，2015-9-28.

［51］ 译世界. ISO17100 国际翻译流程标准之在中国（一）-ISO17100 的前世今生［EB/OL］.（2014-09-19）［2019-03-15］. http：//www. yeeworld. com/article/info/aid/4244. html.

［52］ 教师招聘网. 学生的认知发展与教育［DEB/OL］.（2017-12-22）［2019-03-15］. http：//www. zgjsks. com/html/2017/xlx-1222/277889. htm1.

附件

湖南出海企业语言能力需求调研

尊敬的领导、亲爱的朋友：

　　您好！感谢您在百忙之中参与本问卷调查。本问卷旨在了解我省出海企业对语言能力的需求以及语言培训的现状。您的回答对这项研究非常重要，您提供的所有答案仅为本项研究的数据。本次问卷不记名，回答没有对错之分，请根据您的真实情况和想法填写本问卷。衷心感谢您参与这项调查！

一、您的基本情况

1. 您的岗位（　　　）
A 管理　　　　B 技术　　　C 后勤　　　　D 其他

2. 您的专业（　　　）
A 理工　　　　B 经管　　　C 语言文学　D 其他

3. 您是否被派海外（　　　）
A 曾经　　　　B 未曾　　　C 即将　　　　D 不会

4. 您是否希望被外派（　　　）
A 是　　　　　B 否　　　　C 不知道

二、出海企业员工语言能力需求调研（可多选）

1. 您认为贵公司开展海外业务，需要员工能够具备的**语言能力**为（　　　）

A 交际性语言能力，以便于日常生活交流

B 工具性语言能力：以助于专业技术交流与经贸合作

C 人文性语言能力：以促进跨文化交际

D 其他＿＿＿＿＿＿＿＿＿＿＿＿＿＿＿＿＿＿＿

2. 您认为在海外工作，员工的**语言能力**（　　　　）

A 很重要　　　B 比较重要　　　C 不太重要　　　D 不重要

3. 目前贵公司在海外开展业务，需要**中方员工**较为熟练地掌握的**语种**为（　　　　）

A 英语　　　B 属地官方语言＿＿＿　　　C 地方性语言

D 中文　　　E 无要求

4. 目前贵公司在海外开展业务，需要**外籍员工**较为熟练地掌握的**语种**为（　　　　）

A 英语　　　B 属地官方语言＿＿＿　　　C 地方性语言

D 中文　　　E 无要求

5. 贵公司派驻员工（非翻译岗）出海工作时，对世界通用语**英语**的要求为（　　　　）

A 初级（3级）　　　B 中级（4级）　　　C 高级（6级）

D 不做硬性要求

6. 贵公司近年来**招聘**派驻海外的专业技术或管理人员时，对英语的要求为（　　　　）

A 初级（3级）　　　B 中级（4级）　　　C 高级（6级）

D 不做硬性要求

7. 贵公司近年来**招聘翻译**时，需要的语种为（　　　　）

A 英语　　　　　B 法语　　　　　C 俄语　　　　　D 西班牙语

E 葡萄牙语　　　F 阿拉伯语　　　G 其他＿＿＿＿＿＿

8. 目前在海外工作中，在语言方面的**障碍**主要存在于（　　　　）

A 日常交流　　　　B 技术交流　　　　C 商务谈判

D 管理　　　　　　E 跨文化交际　　　F 其他＿＿＿＿＿

9. 在海外工作时，语言交际常常采用的**方式**为（　　　　）

A 翻译协助　　　　B 自己说属地外语

C 外方说中文　　　D 手机翻译 App

10. 如需**翻译**，一般来自（　　　　）

A 本公司专岗翻译　　　　　　B 本公司专技或管理人员兼任

C 驻地聘请当地华人　　　　　D 驻地聘请当地中国通

E 在中国聘请的在华留学生　　F 语言服务公司

G 其他＿＿＿＿＿＿＿＿

11. 贵公司员工提升语言能力的主要**方式**为（　　　　）

A 公司内部组织培训　　　　B 公司送到国内高校或培训机构学习

C 公司送到驻地国学习　　　D 参加相关职能部门组织培训

E 自主学习　　　　　　　　F 其他＿＿＿＿＿＿＿＿

12. 贵公司组织员工进行语言培训的**时间**为（　　　　）

A 入职时培训　　　B 公司定期组织培训　　　C 外派前短期培训

D 到驻地国后组织培训　　　E 较少组织　　　F 从不组织

13. 贵公司组织的语言**培训内容**包括（　　　　）

A 日常交际英语　　B 英语+专业技术/管理　　C 小语种

D 英语+小语种　　E 小语种+技术/管理　　　F 其他＿＿＿＿＿＿

14. 组织过语言培训的**职能部门**有（　　　　）

A 商务厅　　　　　　B 人社厅　　　　　　　C 教育厅

D 本系统上级机构　　E 其他＿＿＿＿＿＿　　F 无

15. 您是否**希望**本系统与相关职能部门能组织语言培训（　　　　）

A 是　　　　　　B 否　　　　　　D 不知道

16. 您认为提升语言能力的**有效形式**为（　　　　）

A 专家面授　　　　B 网络学习　　　　C 脱产学习

D 同伴互助　　　　E 自主学习　　　　F 工作学以致用

17. 据您了解，驻地国的**外籍员工**对中文学习的**态度**是（　　　　）

A 非常想学习　　　　B 感兴趣但觉得太难，不太想学

C 不想学习　　　　　D 排斥

18. 总体上，您认为针对出海企业员工的**语言培训**（　　　　）

A 有必要而且非常有效　　　　　B 有必要而且比较有效

C 有必要但组织不得力　　　　　D 没必要

19. "一带一路"倡议下，越来越多的企业出海，为适应这一发展趋势，您认为**大学阶段的外语教学**应该（　　　　　）

A 改革教学内容为"英语+专业技术/管理"

B 减少公共英语，增加更贴近"理工农医经法"等专业的专业英语

C 开设英美、"一带一路"沿线各国的国情与文化选修课

D 增设小语种

E 增加口语交际的实操

20. "一带一路"倡议下，越来越多的企业出海，为适应这一发展趋势，您认为**在职员工的语言培训**应该（　　　　　）

A 利用网络资源　　　　B 协同多方组织　　　　C 拓展机构类型

D 搭建服务平台　　　　E 整合教学资源　　　　F 改进培训模式